Nora Berzheim / Ursula Meier
Aus der Praxis der elementaren Musik- und Bewegungserziehung
Singen – Tanzen – Musizieren

[redacted]

Staatsinstitut für Frühpädagogik
im Zentrum für Bildungsforschung
München

Im Verlag Ludwig Auer erschienen bisher:

Arbeitsheft 1: Gerda Zöller
Musik und Bewegung im Elementarbereich
Ein Beitrag zur Kommunikations- und Kreativitätserziehung (vergriffen, wird nicht neu aufgelegt)

Arbeitsheft 3: Rudolf Seitz
Ästhetische Elementarbildung
Ein Beitrag zur Kreativitätserziehung

Arbeitsheft 4: Hartmut Kasten
Die Entwicklung von Moralvorstellungen und Moralbegriffen beim Kinde

Arbeitsheft 5: Winfried Jerney
Das Spielgelände im Kindergarten
Kriterien und Vorschläge zur Gestaltung von Spielflächen im Kindergarten

Arbeitsheft 6: Nora Berzheim
Darstellendes Spiel im Kindergarten
Aus der Praxis der elementaren Musik- und Bewegungserziehung

Arbeitsheft 7: Rosemarie Holzheuer
Praxishilfen zur Musik- und Bewegungserziehung für Kindergarten und Grundschule
1. Sensibilisierung

Arbeitsheft 8: Rosemarie Holzheuer
Praxishilfen zur Musik- und Bewegungserziehung für Kindergarten und Grundschule
2. Gestaltung

Arbeitsheft 9: Hartmut Kasten, Manfred Prenzel, Luitgard Tusch-Kleiner
Sich selbst und die anderen besser verstehen lernen
Entwicklung und Förderung von sozialem Verständnis bei Kindern im Vorschulalter

Arbeitsheft 10: Horst Beisl, Christiane Hoppe, Arno Schulz-Merkel, Rudolf Seitz (Hrsg.)
Puppen – Bau und Spiel im Kindergarten

Arbeitsheft 11: Hartmut Kasten / Peter Seider
Mitteilen – Verstehen – Handeln
Entwicklung und Förderung von sozialem Verständnis und sozialer Handlungsfähigkeit bei Kindern

Arbeitsheft 12: Christian Hoerburger
Singen – Tanzen – Tönen – Mimen
Spielorientierte Musikerziehung

Nora Berzheim/Ursula Meier

Aus der Praxis der elementaren Musik- und Bewegungserziehung

Singen – Tanzen – Musizieren

Methodische Hilfen und praktische Beispiele für Kindergarten und Grundschule

Verlag Ludwig Auer Donauwörth

Dieses Projekt wurde gefördert mit Mitteln des Freistaates Bayern und des Bundesministeriums für Bildung und Wissenschaft.

5., völlig neu bearbeitete und erweiterte Auflage. 1984

Fotos: Joachim Fiebig
Gesamtherstellung: Druckerei Ludwig Auer, Donauwörth
ISBN 3-403-00**614**-X

Inhalt

Einleitung

Singen, Musizieren, Gestik, Tanz, Bild und Sprache sind bedeutsame menschliche Ausdrucksweisen. Sie bilden für das kleine Kind noch eine Einheit. Elementare Musik- und Bewegungserziehung hat das Ziel, diese ursprüngliche Ausdruckseinheit zu erhalten, bzw. wiederherzustellen. Dieses kann durch gezielte Angebote aus allen Sinnesbereichen erreicht werden.
Solch ganzheitliche Erziehung realisiert sich als gruppendynamischer Prozeß, der sich in improvisierten, vom Kind mitbestimmten Spielformen im Sinne eines schöpferischen und entdeckenden Lernens verwirklicht. Es werden Situationen geschaffen, die der Entwicklung des einzelnen Kindes entsprechen. Das Kind hört, sieht, greift und untersucht etwas. Durch die Art der Aufgabenstellung wird es zu schöpferischem Verhalten angeregt, zu probieren, auszuwählen, zu kombinieren, zu finden und zu erfinden in den Medien Bewegung, Musik, Bild und Sprache.
Es kommt darauf an, die sehr unterschiedlichen spontanen Aktionen der Kinder aufzunehmen und sie eigenständig verarbeiten zu lassen, so daß jedes Kind zu einer individuellen Lösung kommen kann und dabei lernt, diese in der Auseinandersetzung mit den Lösungsvorschlägen aller anderen Kinder der Gruppe zu reflektieren. Diese sach-, persönlichkeits- und gruppenorientierten Bewertungsprozesse dürfen vom Pädagogen nicht durch ziel- und leistungsorientierte Bewertungen unterbrochen werden. Es ist sinnvoll, geplante Spiel- und Lernsituationen daraufhin zu überprüfen, ob den elementaren Bedürfnissen wie denen nach Bewegung, Exploration, Kommunikation und Gestaltung entsprochen wurde.*
Dieses Arbeitsheft stellt modellhaft dar, wie Spiel-, Lern- und Übsituationen geschaffen und genutzt werden können. Im Gegensatz zu anderer Fachliteratur für den Elementarbereich liegt der Schwerpunkt dieser Arbeit auf der Aufzeichnung von Lernschritten und methodischen Hilfen. *Sie sollen den Erzieher ermutigen und befähigen, sich vom dargestellten Beispiel zu lösen und immer mehr seinen eigenen Vorstellungen entsprechend zu arbeiten.*
Das Arbeitsheft ist aus unserer persönlichen Auseinandersetzung mit 5- und 4jährigen Kindern entstanden und bezieht Erfahrungen von Erziehern mit ein, die nach gleichen pädagogischen Vorstellungen in ihren Kindergruppen arbeiten. Andere wichtige Impulse gehen auf die Begegnung mit der rhythmisch-musikalischen Erziehung (Rhythmik) zurück.

Die Grundidee jedoch basiert auf den Gedanken Carl Orffs: „Elementare Musik ist nie Musik allein, sie ist mit Bewegung, Tanz und Sprache verbunden, sie ist eine Musik, die man selbst tun muß, in die man nicht als Hörer, sondern als Mitspieler einbezogen ist. Sie ist vorgeistig, kennt keine große Form . . . Elementare Musik ist erdnah, naturhaft, körperlich, für jeden erlern- und erlebbar, dem Kinde gemäß.“ (Carl Orff: Das Schulwerk – Rückblick und Ausblick. In: Off-Institut, Jahrbuch 1963, Mainz 1964, S. 16.)

Da der Erfolg jeder Arbeit mit Kindern auch von äußeren Bedingungen abhängt, möchten wir unsere Erfahrungen zur Organisation der Kinderunterweisung als Empfehlungen weitergeben. Ein freundlicher, unfallsicherer Bewegungsraum mit guter Akustik ist eine der wichtigsten Voraussetzungen. Als Arbeitsmaterial werden Orff-Instrumente, Klangmaterial und „Rhythmikmaterial“ (Scheiblauer) benötigt. Die Erzieherin sollte für manche Spielsituationen 6, höchstens 8 Kinder in einer Gruppe zusammenfassen und diese regelmäßig, wenigstens einmal wöchentlich gezielt fördern. Manchmal ist es sinnvoller, 20 Minuten lang in kleinen Gruppen zu arbeiten als eine Stunde in einer großen Gruppe.

* Vgl. dazu Arbeitsheft 1 des JFP; Donauwörth 1977, Seite 9, 11, 12.

Vorwort zur 5., völlig neu bearbeiteten und erweiterten Auflage

Die Praxis zeigt, daß sich das musikpädagogische Verständnis, wie es das Institut für Frühpädagogik vertritt, mehr und mehr im Elementarbereich ausgebreitet hat. Das große Interesse an diesem Arbeitsheft machte eine 5. Auflage nötig. Neue Erfahrungen aus der Fortbildungsarbeit mit Erzieherinnen und Grundschulpädagogen des In- und Auslandes und der eigenen Praxis in Kindergarten und Grundschule konnten in dieser Neuauflage eingearbeitet werden. Vor allem konnte dem Wunsch nach mehr praktischen Beispielen entsprochen werden.

Im Hinblick auf die Ziele der Musik- und Bewegungserziehung der 1. und 2. Jahrgangsstufe sind die Kapitel „Erste Spiele mit Orff-Instrumenten“, „Singen und Tanzen mit Kindern“ erweitert worden. Diese Anregungen kommen gleichermaßen den Zielen eines kontinuierlichen Übergangs vom Kindergarten zur Grundschule entgegen.

München, 1984

Einige Lieder aus diesem Buch, Musikbeispiele für Bewegungsbegleitung und Tänze erscheinen auf der Tonkassette „Hört, singt, spielt, tanzt mit uns“, Calig-Verlag München, Best.-Nr. CKa 213.

Singen mit Kindern

Die Einstellung zum Singen in Kindergarten und Schule hat sich in den letzten Jahren entscheidend verändert. Singen ist nicht mehr die einzige musikalische Betätigung. Es stellt einen musikalischen Bereich dar neben dem Hören und instrumentalen Musizieren. Außer der Freude am Singen und dem kommunikativen Aspekt (Singen in der Gemeinschaft, bei Festen und Feiern) geht es beim Singen auch um die wichtige Erfahrung musikalischer Ordnungen und Strukturen. Am Lied kann das Kind erste musikalische Grunderfahrungen gewinnen, z. B. Wiederholungen von Formteilen, Melodien in Auf- und Abwärtsbewegung, laut und leise gesungene Teile, hohe und tiefe Töne, rasche und langsame Tonfolgen usw.

Es ist heute nicht mehr selbstverständlich, daß Kinder Spaß am Singen haben. Das hat verschiedene Gründe. So ist z. B. die natürliche Lernsituation, daß die Mutter im direkten Kontakt das Liedgut weitergibt, kaum noch gegeben. Eine wichtige Motivation für das Erlernen von Liedern ist damit verloren gegangen. Statt dessen ist das Kind einer Fülle anonymer akustischer Reize ausgesetzt (akustische Umwelt, Musik von Schallplatten, Radio, Fernseher und Tonband). Sie lösen oft wegen ihrer Vielfalt und der zumeist nicht kindgemäßten Singerwartung eine passive Haltung gegenüber Musik aus, die im Bereich des Singens als Singunlust erlebt wird.

Um die Fixierung dieses passiven Verhaltens zu verhindern und der Gefahr entgegenzuwirken, daß dem Kind seine natürliche Ausdrucksmöglichkeit im Singen verlorengeht, soll sich die Erzieherin immer wieder neu mit der Frage auseinandersetzen: Wie kann ich die ursprüngliche Singlust erhalten und die Kinder zum Singen, Erlernen und Gestalten von Liedern motivieren?

1. Kinder zum Singen motivieren

Erfahrungsgemäß macht Kindern das Singen in der Gruppe Spaß, wenn die Erzieherin folgende Hinweise beachtet:

- *Regelmäßig singen;* das Lied sollte ganz selbstverständlich in den Kindergartenalltag einbezogen werden.
- *Freiwillig singen;* Singen ist Ausdruck einer Gefühlslage und setzt erhöhte emotionale Bereitschaft voraus. Diese Bereitschaft ist sicher nicht bei allen Kindern zu gleicher Zeit vorhanden. Es sollte daher kein Kind zum Mitsingen gezwungen werden.
- *In kleinen Gruppen singen* und auch neues Liedgut erlernen. Auf diese Weise gelingt es leichter, die Kinder zu dynamisch und klanglich differenziertem Singen anzuleiten. Die Erzieherin muß wissen, daß zu lautes, zu langsames und zu tief intoniertes Singen die Stimme strapaziert und Unlust schafft. Ihr Vorbild ist von großer Bedeutung, da das Kind dieser Altersstufe in erster Linie nachahmend lernt.
- *Kind- und zeitgemäßes Lied- und Textgut auswählen;* zu vielen Liedern, die die Erzieherin selber als Kind oder während ihrer Ausbildung gelernt hat, kann das Kind heute keine spontane innere Beziehung mehr herstellen; veraltete Sprache und gegenwartsfremde Bilder erschweren ihm den Zugang. Dabei gibt es inzwischen immer mehr Lieder und Texte, die auf die veränderte Umwelt und die veränderten Vorstellungen und Wünsche des Kindes eingehen und es dadurch unmittelbar ansprechen (s. Literaturangaben S. 25).
- *Initiative und kritisches Verhalten wecken und fördern;* Kinder miteinbeziehen beim Aussuchen, Verändern, Erfinden und Gestalten von Liedern.
- *Abwechseln zwischen* Wiedergabe festgelegter Formen *(Reproduktion)* und spontanen Gestaltungen *(Produktion)*.
- Situationen schaffen, in denen das Kind singend erzählen kann.
- *In der Methode der Liederarbeitung variieren;* nicht pauken, sondern Liedgut erspielen und ersingen.

Die Praxis zeigt, daß dieser Hinweis am schwierigsten zu realisieren ist. Der Schwerpunkt der folgenden Ausführungen liegt daher auf den methodischen Anregungen zum Erlernen von Texten und Melodien sowie auf grundsätzlichen Hinweisen für die Gestaltung von Liedern in dieser Altersstufe. Sie werden anschließend anhand von praktischen Beispielen in ihrer Anwendung verdeutlicht.

2. Liederarbeitung

In dieser Altersstufe können Lieder nur über das *Vorsingen* vermittelt werden. Das Kind imitiert im Nachsingen den Stimmansatz der Erzieherin und übernimmt ihre Stimm- und Atemführung und ihre Artikulation. Darum muß die Erzieherin sich um eine klare und deutliche Stimme bemühen und in der Stimmlage der Kinder singen. Der Stimmumfang liegt bei den kleinen Kindern zunächst zwischen f' und d" und kann allmählich in die höhere Lage entfaltet werden. Die tiefen Töne, besonders c' und d' können allenfalls als Absprungtöne angesungen werden, wie sie bei auftaktigen Liedern üblich sind, z. B. „Ein Männlein steht im Walde" mit den Anfangstönen c' f'. Viele Kinder haben keinen Spaß am Erlernen neuer Lieder, weil das Erlernen von Text und Melodie immer nach dem gleichen Schema verläuft: Die Erzieherin singt vor und die Kinder singen oder sprechen nach. Schon nach kurzer Zeit reagieren viele von ihnen lustlos oder schalten ab, denn die Erzieherin gibt ihnen mit jeder unbegründeten Wiederholung zu verstehen: „Es geht noch nicht gut genug." Die Begegnung mit dem neuen Lied muß Auseinandersetzung im Spiel sein. Es geht bei der ersten Begegnung nicht darum, daß das Kind Melodie und Text selbständig singen kann, damit wären Fassungsvermögen und Konzentrationskraft überfordert. Es geht vielmehr darum, daß es emotional angesprochen wird, und daß das Erlebte in Ruhe in dem Kinde nachklingen kann. Die Erzieherin muß bedenken, wie viele Empfindungsbereiche auf einmal angesprochen werden: Das Hörempfinden durch Melodie und Rhythmus und alle emotionalen Empfindungen durch den Textinhalt. Darum genügt es, wenn das Kind zunächst das Lied oft hört, sei es, daß die Erzieherin vor sich hinsingt oder daß sie die Kinder, die es hören oder spielen wollen, zu sich holt und das Lied mit ihnen singt. Die Erzieherin muß um die methodischen Möglichkeiten wissen und sich eine Vielfalt einfallen lassen. Hier einige

a) methodische Hilfen

- Der Text wird inhaltlich geklärt. Dafür gibt es, je nach Art des Textes, verschiedene Möglichkeiten:
  Der Text ist eine Erzählung mit einfachen Worten. In dem Fall genügt es, im gesammelten Kreis oder in einer Zimmerecke einer Kleingruppe das Lied deutlich und lebendig vorzusingen. Eine kleine Pause gibt den Kindern Zeit zu reflektieren. Irgendeine Besonderheit wiederholt dann ein oder das andere Kind. Durch geschicktes Nachfragen und Erinnern wird die Liedgeschichte gemeinsam herausgehoben und damit der Inhalt geklärt.
  Ist der Text szenisch darstellbar, dann wird er in Spiel umgesetzt und die Erzieherin singt das Lied nicht schnell, aber auch *nicht langweilig* dazu. Es geht darum, daß das Kind den Text im Zusammenhang mit der Melodie oftmals hört. (Vgl. Lied II)
- Bei Liedern besinnlicher Art kann die Erzieherin schon sehr bald Rhythmus- oder Stabspielinstrumente differenziert einsetzen und zu verschiedenen Melodieteilen oder auch Wörtern ganz bestimmte Instrumente musizieren lassen, so daß die Aufmerksamkeit auf das zu erlernende Lied konzentriert bleibt.
- Lieder mit Kehrversen fordern das Kind geradezu heraus, bald mitzusingen oder mit Gesten oder Klängen zu begleiten (vgl. Lied III)
- Textteile, die von den Kindern ergänzt werden sollen, läßt die Erzieherin in der Art eines Gespräches von den Kindern formulieren. Ist der Inhalt bildlich darstellbar, so malt jedes Kind seine erdachte Strophe. (Vgl. Lied I) Dann erst macht die Erzieherin die Kinder mit der Melodie vertraut.
- Werden Melodieteile improvisatorisch ergänzt, so singt die Erzieherin in Form eines Frage-Antwortspiels den unveränderlichen Teil vor und die Kinder, die eine Idee haben, ergänzen nach ihrem Vermögen. (Vgl. Lied V)
- Zum Erlernen von Liedern mittels einer Schallplatte eignen sich nur solche Veröffentlichungen, bei denen die Lieder einstimmig von Kinderstimmen vorgetragen und mit nur wenig Instrumenten begleitet werden. Diese Form des Liederlernens sollte nicht die Regel sein (Vgl. Medienanhang).

b) Spielformen

zur Festigung des erlernten Liedes.

- Für den Fall, daß Text- und Melodieteile nicht so rasch von den Kindern zu erfassen sind:
  Die schwierigen Teile werden in einem sinnvollen kleinen Abschnitt herausgelöst und mit Klanggesten begleitet. Die Erzieherin singt oder spricht diesen Ausschnitt vor und kleine Grup-

pen oder auch einer allein erwidert in der Art des Echo-Spiels. (Vgl. Abzählvers Seite 57)
- Oder es wird der kleine Abschnitt von einem zum anderen weitergesungen oder -gesprochen, wie ein „Rundgesang“.
- Ein Liedteil eines Spielliedes wird gestisch von einem Kind dargestellt, die anderen Kinder erraten den Abschnitt und singen ihn.
- Ein Kind beginnt zu singen, verstummt irgendwann, derjenige, der die Fortsetzung weiß, singt weiter.
- Ein Kind gibt durch Handzeichen an, welche Gruppe das Lied beginnt und wann die Gruppe wieder von einer anderen abgelöst wird.
- Ein Kind gibt durch Handzeichen an, ob ganz leise oder intensiv (nicht laut!) oder mittelstark gesungen werden soll.

3. Liedgestaltung

Wenn der größere Teil der Gruppe die Melodie erfaßt hat, kann die Gestaltung durch Begleitung, szenisches Spiel oder Tanz angereichert werden.
Einfache *Begleitungen mit Klanggesten* oder kleinem Schlagwerk sind gelegentlich auch während der Liederarbeitung sinnvoll, so z. B., wenn sie wichtige Textteile oder den Wechsel von Formteilen (auch Pausen und Übergänge) hervorheben. Für das kleine Kind bilden Musik und Bewegung noch eine Einheit, daher ist *Bewegung* (Tanz und darstellendes Spiel) *zum Lied* als eigenständige Ausdrucksweise des Kindes zu sehen, die von der Erzieherin anerkannt und verstärkt werden sollte.
Die Kindergruppe bestimmt den Gestaltungsablauf des Liedes weitgehend selbst. Er wird nicht ein für allemal festgelegt, sondern immer wieder neu zusammengestellt aus den Formelementen:

- Vorspiel
- Nachspiel
- Zwischenspiel
- gesungene Strophe ohne Begleitung
- gesungene Strophe mit Begleitung von Klanggesten
- gesungene Strophe mit Begleitung von kleinem Schlagwerk
- gesungene Strophe mit Begleitung von Melodieinstrumenten (Orff-Instrumente)
- einzeln, von einer kleinen Gruppe oder der Gesamtgruppe gesungen.

4. Stimmpflege

Die Stimme signalisiert in höchstem Maße emotionale Empfindungen. Es ist sprichwörtlich geworden, daß „das Wort einem im Halse stecken bleiben“ kann, daß es „einem die Stimme verschlägt“. Unlust, Ängstlichkeit, Unsicherheit, auch Erkrankung der Atemwege lösen ungesunde Stimmbandreaktionen aus. Der Klang der Stimme verrät diese augenblicklich.
So ist die *Lust* zu singen die beste Voraussetzung für ein gesundes und damit organisch richtiges Singen. Sie hat zugleich den wesentlichsten Anteil an der Stimmpflege besonders bei Kindern. Da Sprache- wie Singenlernen sich zunächst über Nachahmung vollzieht, spielt das *stimmliche Vorbild* der Erziehenden eine große Rolle. Versucht also ein Kind, seine Singstimme einer sehr tiefen bzw. sehr hohen Stimme des Erwachsenen anzugleichen, so muß es einen unnatürlichen Druck auf seine Stimmbänder ausüben. In dem einen Fall überdehnt es seine Stimmbänder, im anderen überspannt es sie. Eine rauh klingende Stimme oder eine gepreßte sind die Folge. Ähnliche Folgeerscheinungen verursachen auch übertriebenes Leise- oder Lautsingen, weil auch hierbei die Stimmbänder unnatürlich forciert werden.
Zur *Pflege* und *Weiterentwicklung* der Singstimme kann die Erzieherin einige *Spielformen* regelmäßig in ihrer Kindergruppe durchführen, wobei sie sich selbst und jedes Kind gut beobachtet. Diese Spiele gehen von kindgemäßen Vorstellungen aus, die für einen natürlichen Stimmansatz den Impuls geben:

Für die Durchführung solcher Spiele soll der Raum gut durchlüftet, die Luft gut temperiert, doch nicht trocken sein.

- Imitation von Geräuschen mit dem Mund:
  Die Erzieherin oder auch die Kinder denken sich „Geräuschgeschichten“ aus, z. B.
  Wir sind auf einem Bauernhof und hören den Hahn krähen . . .
  Wir stehen an einer Ampel. Ein Laster fährt vorbei . . ., ein Traktor . . .
  Ein Wasserhahn tropft . . .
  Entsprechende reale Situationen können geschaffen werden,

um die echten Geräusche und Stimmen bewußt wahrzunehmen.
- Singen von Tonkurven mit der Vorstellungshilfe „startendes Flugzeug“. Das Nachzeichnen der Flugkurve in der Luft oder auf einem großen Bogen Papier, auch der Tafel unterstützt zugleich die Vorstellung von höher bzw. tiefer werdender Stimme.
- Kindern Gelegenheit bieten zu eigenen stimmlichen Phantasiegeschichten.
- Kindern Gelegenheit geben zum gesanglichen Improvisieren. Die Lieder I, V, VII regen Kinder zu Melodieimprovisationen und zu Stimmspielen an.

Die *Atmung* ist sozusagen der „Anlasser“ der Stimme. Durch *Atemspiele* kann die gesunde Atmung unterstützt und gekräftigt werden. Auch bei diesen Spielen sollen dem Kind Vorstellungshilfen angeboten werden, z. B.:

- Die Kerzen von Omas Geburtstagstorte werden ausgeblasen . . .
  Es sind noch nicht alle Kerzen aus . . .
  Noch eine Kerze brennt . . .
- Die Suppe ist sehr heiß. Wir blasen sie auf dem Teller kühl, . . . wir blasen sie auf dem Löffel noch kühler . . .
- *„Dampflok“**

  Jedes Kind stellt eine Lok dar und bewegt sich frei im Raum, ohne an etwas zu stoßen. Die Arme sind leicht angewinkelt und bewegen sich stoßend vor und zurück:

Anweisung (gesprochen)	Ausführung (durch Vormachen)	Atemfunktion (Information für die Erzieherin
„Langsam fährt die Lok aus dem Bahnhof.“	tsch – tsch; freie Bewegung im Schrittempo; die angewinkelten Arme werden abwechselnd vor- und rückgestoßen;	Intensives Ausatmen, rasches Einatmen
„Ihr Tempo steigert sich.“	tschtschtschtsch; allmählich in Laufschritt kommen;	Rasche Zwerchfellatmung
„Ein Berg! Sie schafft ihn kaum.“	tsch . . . tsch . . . tsch . . . zurückfallen in langsames Gehen;	Gestoßene Ausatmung mit langer Atempause und tiefer Einatmung
„Im Tempo geht es bergab.“	tschtschtschtsch Laufschritt	Rasche Zwerchfellatmung
„Eine Kuh steht auf den Gleisen.“	huuup – huuup – huuup! Die Lok steht;	Langes Ausatmen, kurze Einatmung
„Die Kuh läuft weg. Die Fahrt geht gemütlich weiter.“	tsch – tsch– tsch im Schrittempo;	Intensive Ausatmung, rasche Einatmung
„Der Zug läuft auf dem Bahnhof ein.“	Tsch . . . tsch . . . tsch . . . die Bewegungen werden langsamer bis zum Stillstand;	Die Ausatmung wird langsamer, ebenso die Einatmung tiefer und ruhiger
„Die Lok läßt Dampf ab.“	tschschschsch . . . tschschsch Keine Bewegung mehr.	Volle, langsame Ausatmung, lange Atempause, tiefe Einatmung durch den Mund.

- *„Spaziergang“*

„Wir gehen durch einen Sommerwald.“	Frei durch den Raum schlendern;	Individuelle Atmung
„Wir atmen voll die würzige Luft ein.“	Mimisch mitspielen;	Durch die Nase ein- durch den offenen Mund mit einem wohligen A-Laut ausatmen
„Ein besonders feiner Duft erregt unsere Aufmerksamkeit.“	suchend herumgehen; schnüffeln	kräftiges Einatmen durch die Nase, Ausatmen durch den Mund
„Da ist das, was so gut duftet, ein Rosenstrauch.“	stehen und den Duft genießen;	Tiefe Einatmung, durch die Nase, langsame Ausatmung auf dem A-Laut mit großer Atempause
„Wir gehen weiter . . . und kommen an einer gedüngten Wiese vorbei und beeilen uns, an ihr vorüberzukommen.“	zügig gehen; Nase zuhalten; dann stehen und nach frischer Luft schnappen.	Individuelle Atmung, Atem stauen; Volle, rasche Ausatmung mit nachfolgender tiefer Einatmung durch den Mund.

- *„Luftballon“*

„Der Bauch ist ein leerer, verschrumpelter Luftballon.“	Ausatmen und in sich zusammensinken;	Tiefe Ausatmung mit langer Atempause
„Langsam füllt sich der Ballon mit Luft.“	Die Hände halten den Leib, der sich rundet;	Langsame Bauchatmung

* Die folgenden Spielformen sind entnommen aus: Mahler, G./Selzle, E. (Hrsg.): Lehrplan für die Grundschule in Bayern mit Erläuterungen und Handreichungen. Band 1 Donauwörth 1982, S. 355, 365.

Anweisung (gesprochen)	Ausführung (durch Vormachen)	Atemfunktion (Information für die Erzieherin
„Der Gummi ist zu dünn. Der Ballon platzt.“	Pah! Wieder in sich zusammenfallen;	Rasche große Ausatmung durch den Mund
„Wieder füllt sich ein Ballon mit Luft.“	Die Hände halten den Leib, der sich rundet;	Langsame Bauchatmung
„Wenn er vollgepumpt ist, sticht ihn eine feine Nadel. Aus dem Löchlein pfeift die Luft heraus.“	Püüüüüüüüüü der Bauch wird wieder langsam dünner.	Langsame Ausatmung durch eine kleine Mundöffnung.

5. Praktische Beispiele

Spiellied I „Ob die Tiere Urlaub machen?“

Text
Melodie
Ursula Meier

Impro-
visation:

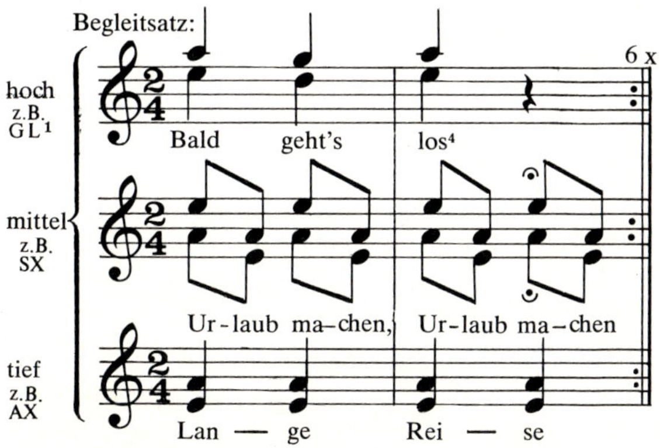

„Begleittöne“[2] (statt Begleitsatz)

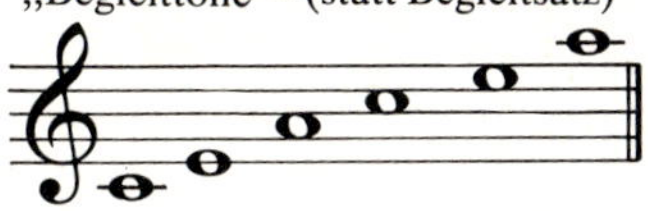

„Improvisationstöne“[3]

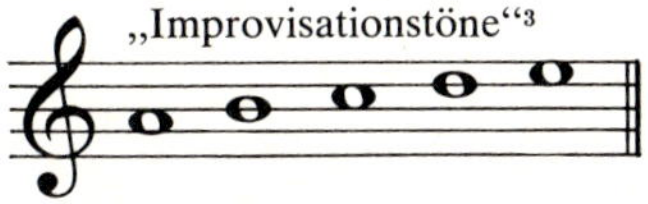

1 Siehe Zeichenerklärung S. 26
2 Erläuterung S. 18
3 Erläuterung 38 ff.
4 Rhythmische Texthilfen

Ob die Tiere Urlaub machen?

Ob die Tiere Urlaub machen?
Sag, was würdest du wohl machen,
wenn du einen Löwen siehst,
der die Wanderkarte liest.

„Ich würde . . .“

Ob die Tiere Urlaub machen?
Sag, was würdest du wohl machen,
wenn du in der Straßenbahn
plötzlich triffst Familie Hahn.

„Ich würde . . .“

Ob die Tiere Urlaub machen?
Sag, was würdest du wohl machen,
wenn ein Pferd mit Badehose
Cola trinkt aus einer Dose.

„Ich würde . . .“

Ob die Tiere Urlaub machen?
Sag, was würdest du wohl machen,
wenn am Chiemsee überall
Hunde spielen Federball.

„Ich würde . . .“

Ob die Tiere Urlaub machen?
Sag, was würdest du wohl machen,
wenn Giraffen lutschen Eis,
weil die Sonne brennt so heiß.

„Ich würde . . .“

Ob die Tiere Urlaub machen?
Sag, was würdest du wohl machen,
wenn an eurem Nachbartisch
Ziegen grad bestellen Fisch.

„Ich würde . . .“

Der Text versetzt das Kind in eine phantastische Situation und fordert es zu Stellungnahme und Reaktion heraus. Eine Einführung in die Spielidee ist daher notwendig.

Möglichkeiten, Text und Melodie spielerisch einzuführen.

1. Die Erzieherin erzählt eine Strophe, frei oder im Versmaß; die Kinder denken sich aus, was sie in einer solchen Situation täten. Sie stellen ihre Lösung szenisch dar und organisieren den Spielablauf.
2. Die Erzieherin wechselt zwischen Erzählen und Singen der Strophen 1 bis 6. Wer von den Kindern kann den Anfang schon mitsingen?
3. Die Kinder entscheiden, welche Strophe sie *zeichnen* wollen.
4. Die Bilder werden zu einer Sequenz zusammengestellt. Wer kann die Geschichte, die er gemalt hat, singen? Die Gruppe wiederholt die Strophe und festigt so die Melodie. Die Bilder sind eine visuelle Hilfe, die dem Kind ermöglicht, sich mehrere Strophen eines Liedes zu merken.
5. Die Kindergruppe sucht ein Bild aus und singt die entsprechende Strophe. Das Kind, das das Bild gemalt hat, erzählt, singt oder stellt szenisch dar, wie seine Geschichte weitergeht („Ich würde . . .“). Die frei Wahl der Ausdrucksmöglichkeiten ist hier wichtig, denn nicht jedes Kind ist bereit, spontan melodisch zu improvisieren.

Melodische Improvisation mit der Stimme

Die Antworten zu den Strophen sollen singend erzählt werden. Dem Kind ist dabei freigestellt, wie es die Aufgabe löst. Manchem fällt das Anfangen schwer, andere singen unbefangen drauf los, ohne sich um eine genaue Unterscheidung von Singen und Sprechen, um Tonraum, Metrum und Schlußton zu kümmern. Die Spontaneität, die sich in einem solchen Verhalten zeigt, sollte unbedingt von der Erzieherin anerkannt und unterstützt werden. Jede Lösung stellt ein „eigenes Lied“ dar und darf sich ruhig von den anderen unterscheiden.
In dieser Phase ist die Arbeit mit einem Tonbandgerät besonders wichtig; denn die Kinder sollen immer mehr lernen, ihre Lösungen kritisch zu hören und zu reflektieren und ihre Gestaltungs- und Veränderungsvorschläge zu begründen.
Wenn das Kind lernen soll, seine Improvisation dem Lied im Tonraum anzugleichen, können als Hilfe angeboten werden:

a) Durchlaufende gleichmäßige Klänge (Quinte oder Oktave) auf dem Baßinstrument. (Töne E–A oder A–A)
b) Mit dem Textanfang den Hauptton der Improvisation kennzeichnen.

Gerade gehemmte Kinder brauchen anfangs solche Hilfen, um sicher zu werden.

Instrumentale Begleitung

a) Das Lied mit Klanggesten und anderen klingenden Gesten begleiten und dabei immer neue Möglichkeiten erfinden.
b) Einüben der Begleitung an den Orff-Instrumenten.

Es ist hilfreich, die Begleitformen der verschiedenen Instrumente mit Klanggesten vorzuüben. Durch rhythmisierte Texthilfen werden Rhythmus, Tempo und Länge des Begleitmotivs bereits so weit gefestigt, daß das Kind sich bei der Übertragung des Motivs auf das Instrument allein auf die Spieltechnik konzentrieren kann.

Beispiel:

a) Die Begleitung wird aus der rhythmisierten Texthilfe entwikkelt

b) Klanggesten: Patschen

c) Übertragung auf Zimbeln

Da es hier um das Vorüben fixierter Motive geht, sollte der Pädagoge Texthilfen zur Kombination der Klanggesten vorschlagen. Die Begleitmotive an den Stabspielen werden immer im gleichen Handsatz (Wechsel von Anschlag mit rechtem oder linkem Schlegel) gespielt und evtl. durch Patschen auf den Knien vorgeübt. Kinder, die im Augenblick nicht am Instrument spielen, erhalten andere Aufgaben, z. B. Singen, Begleitung mit Klanggesten, Dirigieren, Tanzen, Beobachten der Spieler an den Instru-

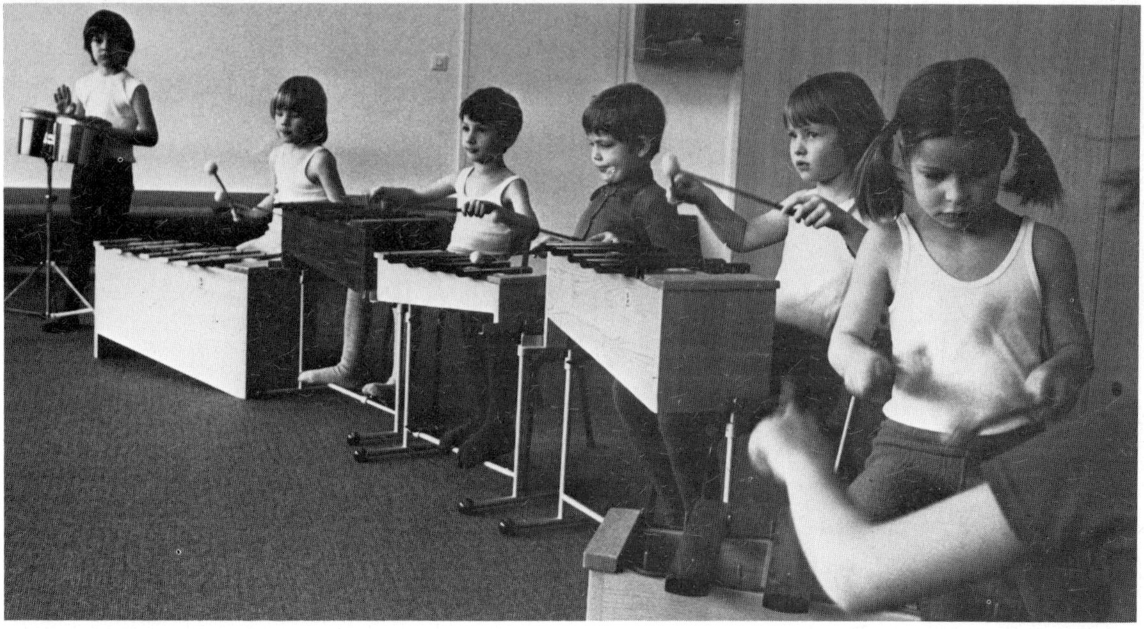

menten. Schnelles Austauschen aller Aufgaben fordert die Aufmerksamkeit der Kinder heraus und ist gerade in großen Gruppen ein wichtiges methodisches Prinzip.

Möglichkeiten, das Spiellied zu gestalten

1. Vorschlag

Vorspiel
Liedstrophe mit oder ohne Begleitung
gesungene Improvisation

Das Lied wird von einer Sing- und Instrumentalgruppe musiziert. Der formale Ablauf (siehe S. 11) wurde vorher gemeinsam festgelegt. Ein Kind beantwortet jeweils spontan die gesungene Strophe.

2. Vorschlag

Szenisches Spiel
Liedstrophe mit oder ohne Begleitung
Improvisation (gesungen oder szenisch dargestellt)

Das Lied wird von einer Chorgruppe, Instrumentalgruppe oder Spielgruppe gestaltet. Ein Kind (oder 2 Partner, eine kleine Gruppe) stellt pantomimisch dar, welche Strophe musiziert werden soll (z. B. Giraffen kaufen Eis). Die dargestellte Strophe wird von allen musiziert. Ein Kind singt die Antwort und stellt seine Idee spontan oder – nach Absprache mit den anderen Spielern – szenisch dar.

Spiellied II „Katz und Maus“

Melodie
Text
Nora Berzheim

○ = Fellinstrument
//. . . = Stäbchen, zu jedem Ton klopfen
Fellinstrument mit Schlägel
△∼ = Triangel, schnell hintereinander anschlagen

[1] Speis = Speisekammer
[2] rhythmische Texthilfen
[3] Erläuterung auf S. 18

Liedbegleitung mit Begleittönen

Allgemeines

Das Musizieren mit „Begleittönen“ (ein Arbeitsbegriff der Autoren) hat sich in der persönlichen musikalischen Auseinandersetzung mit jüngeren Kindern entwickelt und als wichtige Vorstufe für ostinate Begleitformen erwiesen. An diesem Lied soll die Praxis dieser Musizierweise erläutert werden.
Die sog. „Begleittöne“, auf allen Melodieinstrumenten gleichzeitig gespielt, ergeben als Liedbegleitung (in diesem Fall) einen harmonischen Klanggrund. Wenn auch nur fünf Töne angeboten sind, so stellen sie doch einen freieren Spielraum dar als der vorgegebene Ostinato* des Begleitsatzes. Eine ostinate Begleitung verlangt die ganze Konzentration des Kindes, weil es sich klanglich und rhythmisch gegen andere Stimmen behaupten muß und vielstimmiges bewußtes Hören seine Fähigkeit im allgemeinen noch überfordert. Das freie Musizieren mit den „Begleittönen“ dagegen ermöglicht eher aufmerksames Mithören und Mitsingen.

Methodisches

Die Phasen der Liederarbeitung und des szenischen Kreisspiels werden für die Erarbeitung der Liedbegleitung vorausgesetzt. In den Xylophonen und Glockenspielen liegen die Tonstäbe der Dreiklangstöne (hier E-G-H) auf.
Jedes Kind spielt mit zwei Schlegeln.
Stehen nur sehr wenige Instrumente zur Verfügung, so spielen zwei Kinder an einem Instrument. Sie stehen sich gegenüber, um einerseits frei mit den Armen zu schwingen und andererseits alle Tonstäbe zur Verfügung zu haben. (Vgl. Foto Seite 37)
Die Erzieherin leitet das Spiel ein, so daß sich die Kinder an ihrem Musizieren orientieren können. Begleittempo und Lautstärke gibt sie ggf. mit einer Texthilfe an. Diese Rolle kann bei Wiederholungen auch ein Kind übernehmen.

Auf dieses Lied bezogen können die Hilfen wie folgt aussehen:

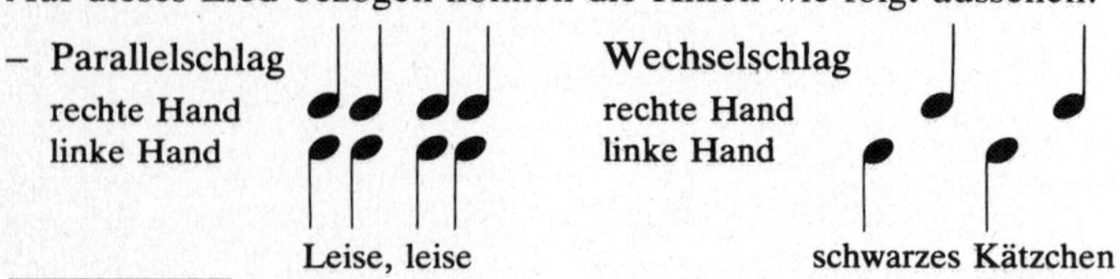

* Ostinato: eine kleine musikalische Begleitformel, die sich ständig wiederholt.

– Die Kinder greifen dieses Spielen im Grundschlag des Liedes auf.
– Die rhythmischen Texthilfen zum Einspiel des Liedes werden unmittelbar vom Singen der Strophe abgelöst, während die Begleitung auf dem Instrument weiterläuft.

Der Text dieses Liedes regt zu verschiedenen Begleitformen an:

a) Begleiten mit „Begleittönen“

Takte 1– 6:	Grund- und Parallelschlag
Takte 7– 8:	keine Begleitung
Takt 9:	einen Schlag zu dem Wort „Satz“
Takt 10:	rasch durcheinander spielen
Takte 11–12:	keine Begleitung
Takte 13–16:	rasch „trippelnd“ spielen

b) Liedbegleitung mit Rhythmusinstrumenten

Die Kinder können die Rhythmusinstrumente ihrem Klangcharakter nach, entsprechend dem Textinhalt, zur Begleitung musikalisch untermalend einsetzen. So charakterisiert etwa ein Streichen über das Handtrommelfell das Schleichen einer Katze u. ä. (vergleiche die Notierung über der Melodiezeile).
Jüngere Kinder haben oft Schwierigkeiten, während ihres Spielens auf einem Instrument gleichzeitig zu singen oder zu sprechen. So bietet sich das Musizieren in Gruppen an: Musiziergruppe, Singgruppe, Spielgruppe. Die Aufgaben werden untereinander auch ausgetauscht.

c) Liedbegleitung mit ostinatem Satz

Es versteht sich von selbst, daß der ostinate Begleitsatz nur dann mit Kindern erarbeitet wird, wenn ihre Spielfertigkeit den Anforderungen entspricht. Die rhythmischen Worthilfen können auch hier die Erarbeitung erleichtern.

– Hilfen für die Erarbeitung der Schlagtechnik:
Während die einen an Instrumenten üben, übertragen die anderen die Schlagtechnik auf Klanggesten.

Ostinato 1: Diese Tonreihe läßt sich mit *einem* Schlegel auf dem Instrument leichter spielen. Die Armführung kann in der Luft mit schnalzenden Fingern rhythmisch vorgeübt werden. Dazu sprechen die Kinder zunächst die Texthilfe und singen dann den entsprechenden Strophenabschnitt der Takte 1–8.

Ostinato 2: Dieser Wechselschlag wird patschend vorgeübt und ebenfalls dem entsprechenden Strophenabschnitt hinzugefügt.

Ostinato 3: wird auf zwei Instrumenten mit dem Parallelschlag musiziert:

1. Xylophon 2. Xylophon

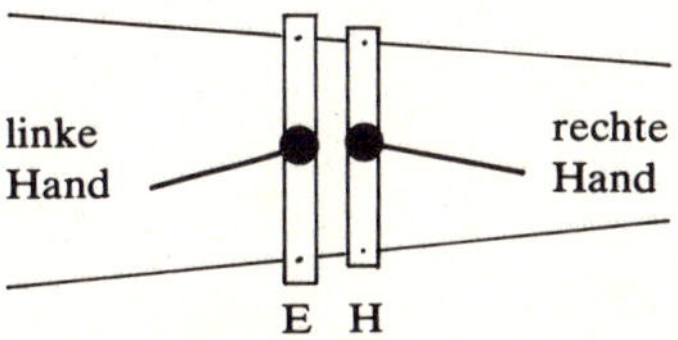

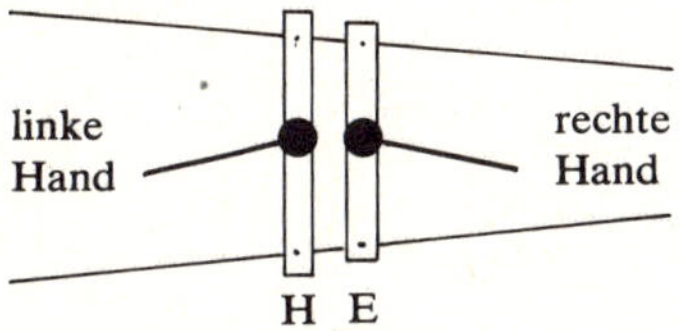

– Gestaltung der Begleitung:

Die einzelnen ostinaten Stimmen können zum Lied, ähnlich wie die Begleitung mit Rhythmusinstrumenten, einstimmig musiziert werden, z. B.

Ostinato 1 beginnt als Vorspiel und begleitet die Takte 1–8,
Ostinato 2 Takte 9–12,
Ostinato 3 Takte 13–16.

Gestaltungsvorschläge für das Spiellied

– Ohne Instrumente mit freien mimischen Gesten den Inhalt des Textes nachvollziehen. Bei dieser Spielform liegt der Hauptakzent auf der mimischen Darstellung. Dem stärkeren Bewegungs- und Gestaltungsbedürfnis kommen die folgenden Spielformen entgegen.
– Jedes Kind imitiert das Geschehen des Textinhaltes frei im Raum. (Vgl. Bilder S. 17)
– Die Kinder spielen zu Paaren die Rollen „Maus“ und „Katze“, wobei die Rollen ausgetauscht werden. Die Kinder bauen sich aus Bauklötzen oder Möbeln die Speisekammer oder spielen in imaginären Räumen.
– Alle Kinder bilden einen Kreis. Während des Instrumentenvorspiels *freies* pantomimisches Spiel der „Maus“ in der Kreismitte und der „Katze“ außerhalb des Kreises.
  Das Lied wird von den Kreisspielern gesungen, „Maus und Katze“ spielen die Szene. Die Kreiskinder gehen, das Schleichen imitierend, im Kreis herum (Takt 1–4). Dann bleiben sie stehen und verfolgen singend das Spiel.

Spiellied III „Vogelhochzeit“

1. Ein Vogel wollte Hochzeit machen
in dem grünen Walde.
Viderallala, viderallala, videralla-lala-la.
2. Die Drossel war der Bräutigam,
die Amsel war die Braute.
3. Der Sperber, der Sperber,
der war der Hochzeitswerber.
4. Die Lerche, die Lerche,
die führt’ die Braut zur Kerche.
5. Frau Nachtigall, Frau Nachtigall,
die sang mit ihrem schönsten Schall.
6. Der Spatz, der kocht das Hochzeitsmahl,
verzehrt die schönsten Bissen all.
7. Der grüne Specht, der grüne Specht,
der war des Küchenmeisters Knecht.
8. Die Meisen, die Meisen,
die brachten bald die Speisen.
9. Die Finken, die Finken,
die brachten was zu trinken.
10. Die Gänse und die Anten,
das war’n die Musikanten.
11. Der Pfau mit seinem bunten Schwanz,
der führt’ die Braut zum Hochzeitstanz.
12. Brautmutter war die Eule,
nahm Abschied mit Geheule.
13. Nun ist die Vogelhochzeit aus,
und alle ziehn vergnügt nach Haus.

Die *Melodie* dieses volkstümlichen Liedes weist viele große und kleine Terzen in der Abwärtsbewegung auf. Das läßt vermuten, daß sie aus der Nachahmung der sog. Rufterz (Kuckucksterz) entstanden ist. Kleinen Kindern wird die Intonation in Takt 5 und 6 zunächst schwerfallen. Doch durch deutliches, langsames und häufiges Vorsingen besonders dieses Taktes mit verschiedenen Imitationen von Vogelstimmen wie „pip-pip", „zip-zip" oder „ga-gack" u. ä. wird auch dieser Takt allmählich gesichert.
Die Verszeilen des *Textes* sind sehr kurz und darum einprägsam. Sie motivieren das Kind, eigene weitere Verse zu erfinden. Der Inhalt regt die Kinder an, die Strophen gestisch und mimisch darzustellen. *Malen* die Kinder den Inhalt der einzelnen Strophen, so können sie durch Vorzeigen ihres Bildes die nächste Strophe ankündigen. Die Reihenfolge der Strophen kann bis auf die letzten beiden variieren.
Tanzgestaltungen: aus den spontanen freien Bewegungsversuchen der Kinder wählt die Erzieherin Schrittverbindungen und Raumformen aus und fügt sie zu einer Tanzgestaltung zusammen. Auf diese Weise kann z. B. folgende *Polonaise* entstehen:

Das „Vogelhochzeitspaar" führt den Umzug an, die anderen „Vögel" reihen sich von Strophe zu Strophe hinzu.

„Polonaise"

Das 1. Paar führt die Reihe durch die Mitte des Raumes:

Dann teilt sich die Reihe:

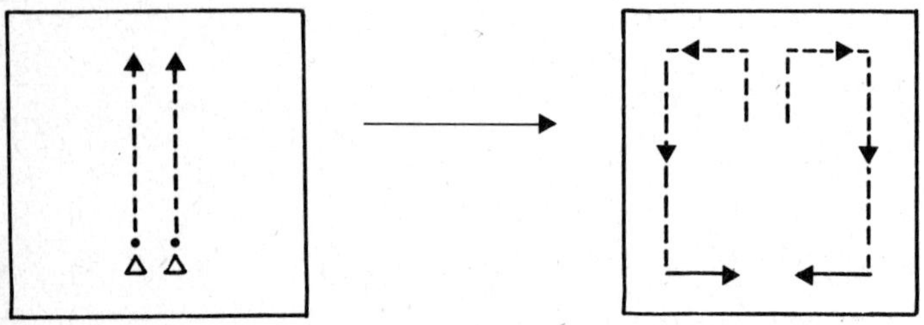

Die Paare treffen sich wieder und wiederholen den Formteil 1:

Die letzten beiden Strophen geben Zeit, die Reihe in der Mitte des Raumes zu einer „Gasse" zusammenzuführen für einen

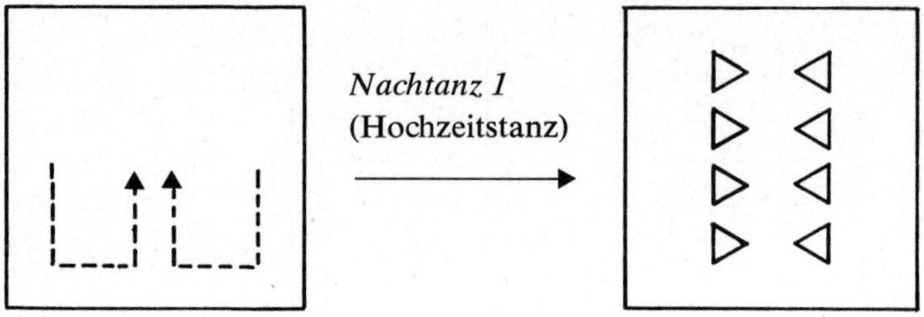

Nachtanz 1: Die Kinder stehen sich in der „Gasse" gegenüber.
Takt 1/2: Die Kinder gehen aufeinander zu
Takt 3/4: Die Kinder gehen wieder zurück
Takt 5 – Schluß: Die Kinder hüpfen am Platz um sich selbst herum

Nachtanz 2 (auch als selbständige Form möglich)
Takt 1–4: Gehen oder hüpfen (frei im Raum mit dem Partner)
Takt 5: Stampfen (am Platz, dem Partner zugewandt)
Takt 6: Klatschen
Takt 7: Patschen
Takt 8: Klatschen (in die eigenen Hände oder in die des Partners)

Musizieren: Zur Polonaise werden die Strophen ohne Zwischenspiel gesungen – mit oder ohne Instrumentalbegleitung. Zum Nachtanz kann die Melodie auf einen beliebigen „Vogellaut" gesungen oder auf einem Melodieinstrument gespielt werden.

Begleitsatz mit den Harmoniestufen
I (Tonika) **und V** (Dominante)
(für Schulkinder)

„Vogelhochzeit"

Volkstümlich

Für dieses Lied reichen die „Begleittöne“ wie in Beispiel 1 und 2 nicht mehr aus. Es wechseln im gleichmäßgen Abstand die Töne der I. und V. Stufe in der Begleitung. Die folgenden Begleitmöglichkeiten des Liedes sind exemplarisch und lassen sich auf andere volkstümliche Kinderlieder wie „Jetzt steigt Hampelmann aus seinem Bett heraus“, „Es tanzt ein Biba-Butzemann“, „Spannenlanger Hans“ u. a. übertragen. (Siehe Liederbuch „Willkommen, lieber Tag“, Diesterweg-Verlag)

Der Harmoniewechsel der Begleitung kann mit Hilfe der Klanggesten und der Rhythmusinstrumente wie in den folgenden Beispielen erarbeitet werden:

Methodische Schritte zur Erarbeitung einer Stufenbegleitung

Begleitung mit Klanggesten

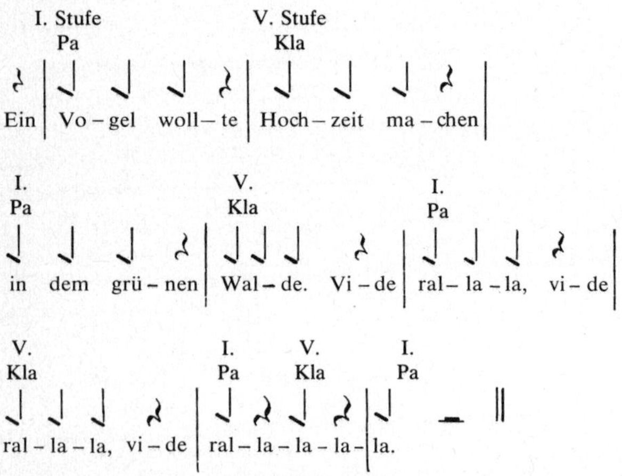

Um den Stufenwechsel deutlich zu machen, kann ein Kind auf zwei Pauken, die auf Tonika* und untere Dominante* gestimmt sind (siehe Liedsatz) oder auf dem Baß-Xylophon mitspielen. Im Beispiel fällt das Patschen immer mit der I. Stufe zusammen, das Klatschen mit der V. Diese Regelmäßigkeit in der Folge der Klanggesten unterstützt das Hörenlernen des Stufenwechsels.

*)

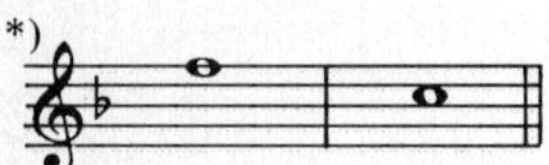

Begleitung mit kleinem Schlagwerk

z. B.

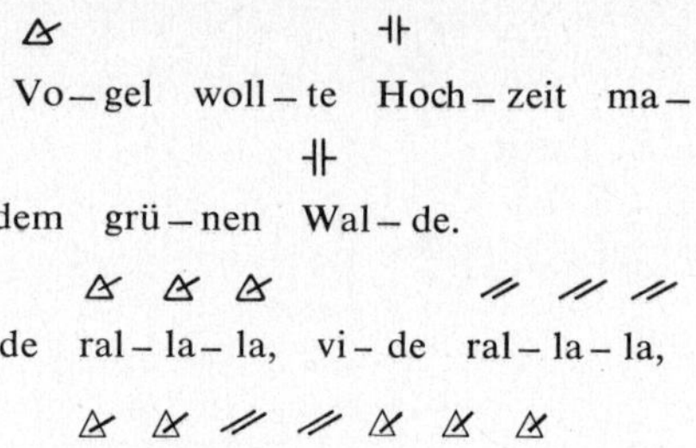

Das Musizieren mit dem kleinen Schlagwerk bereichert die Begleitung auf den Stabspielen und kann als methodische Hilfe beim Stufenwechsel eingesetzt werden. Nur wenige kleine Kinder können den Harmoniewechsel eines solchen Liedes bewußt hören und nachvollziehen. Das hängt von den Höreinflüssen der Umwelt ab. Im alpenländischen Raum gibt es auch kleine Kinder, die kadenzierende Volkslieder mehrstimmig singen. Ihnen wird ein Musizieren mit Stufenwechsel keine Schwierigkeit bereiten.

Begleitung mit Stabspielen
Bordunbegleitung

Ein Bordun ist eine konstante Begleitung mit einem oder zwei gleichzeitig erklingenden Tönen. Der 5. Ton ist sowohl im Dreiklang der I.*, als auch der V. Stufe**, enthalten und kann daher durch das ganze Lied konstant mitklingen. Mit Hilfe eines Wortes aus dem Lied wird der Bordun rhythmisiert. Dabei ist es sinnvoll, den bereits erarbeiteten Klatschrhythmus zu übernehmen und mit der Worthilfe „Nachtigall“ z. B. zu festigen.

* Dreiklang der I. Stufe:

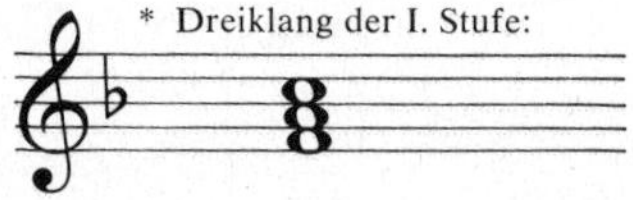

**Dreiklang der V. Stufe:

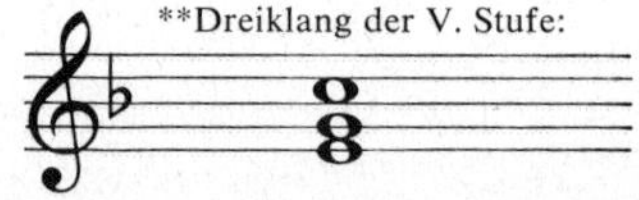

Stufenbegleitung

Sind die Kinder in ihren rhythmisch-musikalischen Reaktionen bereits sensibilisiert, so kann der Stufenwechsel von zwei verschiedenen Instrumentalgruppen übernommen werden: Eine Instrumentengruppe spielt die Dreiklangstöne der I. Stufe, die andere Instrumentengruppe die der V. Stufe nach dem Muster der Begleitung mit Klanggesten (S. 22) und mit kleinem Schlagwerk. Eine gute Anordnung der beiden Stabspielgruppen, der Schlagwerkgruppe und der Singgruppe ist für das Musizieren eine wichtige Hilfe.
Selbstverständlich können Kinder, die im Instrumentalspiel geübter sind, diesen Stufenwechsel allein auf ihrem Instrument spielen.

Spiellied IV „Was machen die Gänse den ganzen Tag?“

Text u. Melodie: Berzheim

Tanzform:

Kreisaufstellung

1. Strophe: stehen und singen
2. Strophe: im Kreis in der Gangart des Tieres gehen
3. Strophe: stehen, sich müde rekeln
4. Strophe: umfallen, Schlafhaltung
5. Schlafmusik
6. Ende der Schlafmusik: ein Musikant ruft: „Guten Morgen, ihr *(Hühner)!*“ Die Kinder stehen auf und beginnen den Kreistanz von vorne. Sie imitieren nun das neu benannte Tier.

Methodisches

Eingebettet in den Themenkreis „Tiere auf dem Bauernhof“ oder „Tiere im Zoo“ regt dieses Lied auch schon Vierjährige zum Erfinden weiterer Strophen an, z. B. „Was machen die Hühner den ganzen Tag? Tickel, tuckel, tack!“
In der Erinnerung an die Gangart der verschiedenen Tiere mimen die Kinder im Kreisspiel das Futtersuchen.
Ein musikalisch wichtiger Teil des Liedes ist die Improvisation der *„Schlafmusik“* ein freies Tönen auf Instrumenten:
Gemeinsam überdenken die Kinder, welche Instrumente für eine derartige Musik in Frage kommen könnten. In kleinen Gruppen wird diese Musik ausprobiert, vorgestellt und ggf. von einem Kassettenrekorder aufgenommen. Die Kinder können ihre Improvisationen begutachten und eventuell verändern. Sie werden auf diese Weise zum differenzierten und kritischen Hören angeregt. Es bietet sich hier auch die Musizierform an, bei der *ein Kind allein* mit einigen Instrumenten die Schlafmusik gestaltet.

Instrumente, z. B.

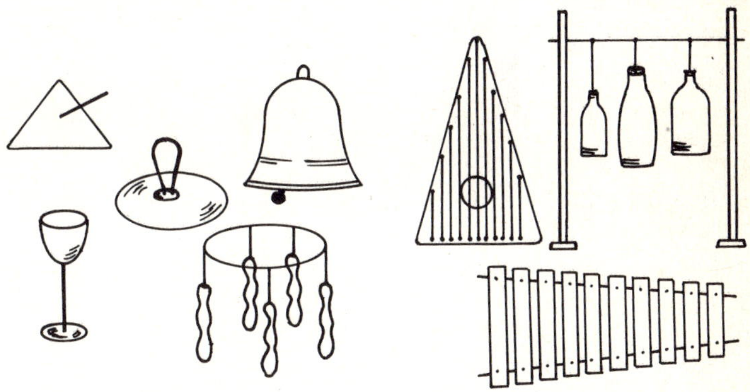

Spiellied V „Das kleine Häschen schläft“

Text u. Melodie: Berzheim

Die Antwort mit eigenen Tönen improvisieren, z. B.
„Von Möhren, von Möhren.“
Von Ostern, vom grünen Klee u. ä.
Das Lied kann mit den Klangbausteinen D, F, A begleitet werden.
Traummusik für eine Flöte oder Glockenspiel.

Die Kinder können auch diese Traummusik mit den Klangbausteinen D, F, A begleiten.

Spielform 1

Kreisaufstellung. Spielverlauf wie bei dem Lied „Häschen in der Grube“

Takte 1–7: Singend gehen die Kinder im Kreis um das „kleine Häschen“ herum.

Takt 8: Die Kinder bleiben stehen.

Lied-Improvisation: Das „Häschen“ singt mit seinen Tönen, wovon es träumt.

Traummusik: Die Kreis-Kinder führen die Geste des Wiegens aus.

Ende der Musik: Das „Häschen“ hüpft zu einem Kind; beide tauschen die Rollen.

Spielform 2

Rollenspiel. Ein „Hasennest“ wird mit Kisten und Stühlen aufgebaut. Für das „jüngste Häschen“ wird ein „Bett“ hergerichtet. Die Klangbausteine und entsprechende Klangerzeuger liegen bereit.

- Die Hasen hoppeln herum.
- Die Hasenmutter gibt mit einem Gongschlag das Zeichen zum Heimkommen.
- Das jüngste Hasenkind geht zu Bett.
- Die anderen Kinder singen und begleiten sich mit ihrem Instrument.
- Das kleine Häschen improvisiert seine Antwort.
- Nach der Flötenmusik ist „der Morgen hereingebrochen“, und das Spiel kann von vorne beginnen.

Methodisches

Weil dieses Lied ohne besondere Vorbereitung aus dem Spielgeschehen heraus zum gesanglichen Improvisieren anregt und solche Liedmodelle noch kaum in Liedersammlungen zu finden sind, kann dieses Muster auch mit abgewandeltem Text zu anderen Themenkreisen eingesetzt werden, z. B „Wintertiere bereiten ihren Winterschlaf vor“ u. ä.
Die Liedbegleitung mit dem harmonischen Klanggrund hat hier den Sinn, die Singstimme an eine einheitliche Tonhöhe zu binden, was besonders für „Brummer“* ein hilfreiches didaktisches Mittel ist. Damit ist nicht gemeint, daß die Kinder auf ein „reines“ Singen ausdrücklich hingewiesen werden sollten. Der harmonische Klanggrund wird unbewußt wahrgenommen. Erfahrungsgemäß richten die meisten Kinder ihre Stimme nach diesen Tönen allmählich aus.

* Kinder, deren Gesang mehr einem sprechen gleicht.

Spiellied VI „Sum, sum, sum“

Melodie: volkstümlich
Text: Hoffmann v. Fallersleben

2. Suche Blumen, suche Blümchen, hier ein Tröpfchen, da ein Krümchen.
3. Kehre heim mit reicher Habe, fülle manche leere Wabe.

Zum Gesang und als Vor- und Nachspiel können die Kinder auf Instrumenten *rhythmisch und melodisch frei musizieren,* z. B.

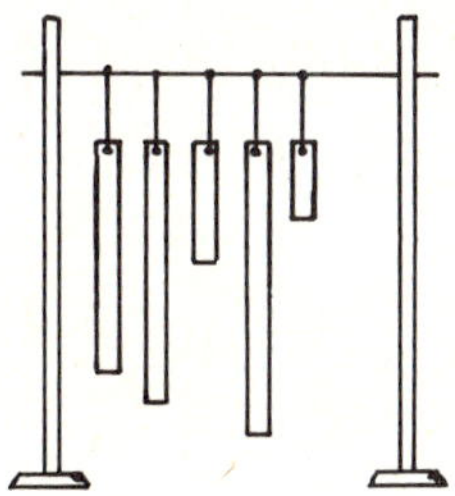
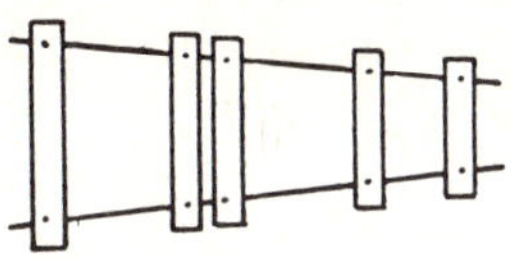

Glockenspiel
Metallophon,
Klangbausteine

Spielform

Rollenspiel. Einige Kinder stellen Blüten, die anderen Bienen dar; einige singen, andere musizieren.

Vorspiel: freie Klänge zum Erblühen der Blumenwiese.
Die Bienen schlafen in ihren Bienenkörben.
Die Blumen blühen auf.

1. Strophe: Die Bienen fliegen summend herum.
2. Strophe: Sie suchen die Blumen auf.
3. Strophe: Sie fliegen zu ihren Bienenkörben zurück.

Nachspiel: Die Blumen schließen ihren Blütenkelch.

Auf der Kassette Hört, singt, spielt, tanzt mit uns“, Best.-Nr. CKa: 213, ist dieses Lied als ein Beispiel für „Liedbegleitung“ zu hören.

Literatur

Singen mit Kindern

Berzheim, Nora: Kinder gestalten Feste mit Musik und Bewegung. Donauwörth 1983
Berzheim, Nora: Das Singen bei kleinen Kindern und Folgerungen für das Singen im Kindergarten in „Singen in der Musikschule“. Mainz 1984
Gaß-Tutt: Tanzkarussell 1. Boppard
Hoerburger/Segler (Hrsg.): Klara, klare Seide. Kassel 61
Keller, Wilhelm: Ludi musici I. Boppard
Klein, R. R.: Willkommen lieber Tag. München
Kreusch-Jacob, D.: Liedmobil. Ravensburg 1981
Lorenz, Karl: Einige Erfahrungen mit Brummern in: „Singen in der Musikschule“ s. o.
Moog, Helmut: Das Musikerleben des vorschulpflichtigen Kindes. Mainz 1968
Nothorf, Edith: Singen und Spielen für Kinder. Wolfenbüttel 1984
Woll, Erna: Gott, wir freuen uns. Donauwörth 1979
Woll, Erna: An der Krippe zu singen. München 1981

Medien:

„Die Lieder der Liederfibel“ (Reihe Junior Schwannn) Düsseldorf
„Sing mit – spiel mit“ 1 und 2 (Reihe Junior Schwann). Düsseldorf
„Hört, singt, spielt, tanzt mit uns“ (CKa: 213). München

Zeichenerklärungen

Kleines Schlagwerk

 Schellen

 Becken

 Zimbeln

 Triangel

 Fellinstrument

 Bongo

 Schellentrommel

 Schellenbaum

 Rassel

 Stäbchen

Melodieinstrumente

Fl	Flöte
Gl	Glockenspiel
SGl	Sopran-Glockenspiel
AGl	Alt-Glockenspiel
SX	Sopran-Xylophon
AX	Alt-Xylophon
SM	Sopran-Metallophon
AM	Alt-Metallophon
BM	Baß-Metallophon
BX	Baß-Xylophon

Klanggesten

kl	Klatschen
pa	Patschen
schn	Schnalzen
sta	Stampfen

Erstes Spiel mit Orff-Instrumenten

Allgemeines

Viele Kindergärten und Schulen sind mit dem Orff-Instrumentarium ausgestattet. Das Musizieren mit den Orff-Instrumenten, so wie es Kindern entspricht, ist jedoch in der elementaren Musikpädagogik zumeist unbekannt. Spielerischer Umgang und eigenes Erfinden (Improvisieren) kommen zu kurz. Gerade zu Beginn des gemeinsamen Musizierens mit Orff-Instrumenten sollte dem Kind lange genug Gelegenheit gegeben werden, das Instrument als einen Gegenstand zum Spielen und Experimentieren kennenzulernen, dessen vielfältige klangliche Möglichkeiten es zu entdekken gilt. Das am häufigsten angeführte Argument gegen solch ein freies Vorgehen ist die Angst der Erzieherinnen und Lehrer vor zu viel Krach, die Angst vor „Disziplinlosigkeit". Wenn diese Phase des Untersuchens und Erprobens mit einfachen Spielregeln verbunden wird, in denen das Kind ordnende Grenzen kennenlernt und zugleich Hilfen erfährt, die es ihm ermöglichen, seine Ideen den anderen mitzuteilen und seine Einfälle allein oder mit Hilfe der Gruppe in Spielformen zu gestalten, dann entsteht ganz sicher kein beängstigendes Durcheinander, sondern Raum für Kommunikation. Es werden Situationen geschaffen, in denen die Kinder lernen und üben können, miteinander umzugehen, d. h. aufeinander zu hören und zu schauen, aufeinander einzugehen, zu warten, miteinander zu spielen und zu gestalten, sich verständlich zu machen und sich sowohl anzupassen als auch in der eigenen Art durchzusetzen. Die Pädagogen müssen Geduld aufbringen und auch kleine Veränderungen und Fortschritte anerkennen.
Für den Kindergarten ist eine Instrumentenecke im Gruppenraum zu empfehlen. Trotz mancher Vorbehalte haben es Erzieherinnen mit einer solchen Einrichtung versucht. Sie haben mit großem Erstaunen festgestellt, daß der befürchtete Lärm niemals eintrat. Es standen zunächst 2–4 Instrumente zur Verfügung, später mehrere; je ein Instrument aus der Reihe des kleinen Instrumentariums, dann auch ein Glockenspiel und ein Xylophon. Die Spielregel lautete etwa so: Vor dem Musizieren allgemein fragen, wen es stören könnte. Wer sich z. B. durch anwachsende Lautstärke gestört fühlt, soll es den Musikanten mitteilen. Das „Ungestörtsein" im Gruppenraum hatte den Vorrang. Bestand der Wunsch der Gruppe, lauter und intensiver zu musizieren, so mußte dieses Musizieren in den Rhythmikraum verlegt werden.
Die folgenden Spielformen bieten erste Möglichkeiten an, auf spielerische Weise Kommunikation zu üben und musikalische Fertigkeiten auf diesen elementaren Instrumenten zu erlangen.
Bei allen Spielen, in denen Stabspiele verwendet werden, ist es ratsam, zwischendurch auch mit solchen Tonfolgen zu musizieren, die einen harmonischen Zusammenklang ergeben (vgl. Liedbegleitungen der Lieder I und II, „Solokonzert" mit Liedbeispielen).

1. Kommunikationsspiele

„Durcheinander – Miteinander"

Das Spiel ist besonders gut geeignet für eine erste Stunde mit Orff'schen Instrumenten. In allen Kindergruppen beginnen die Kinder sofort spontan, die Instrumente auszuprobieren.
Jeder spielt wie er gerade mag: mit den Händen, Fingern, mit einem Schlegel, mit zweien, mit den Handgelenken, aus allen oder wenigen Tönen, ungleichmäßig oder gleichmäßig, langsam oder schnell, laut oder leise. Es entsteht zunächst ein klangliches Durcheinander.
Ohne Reden kann die Erzieherin die ungeordnete Phase in eine geordnete überleiten. Sie spielt deutlich hörbar auf seinem Instrument ein gleichmäßiges Metrum (z. B. Schellentrommel, Holzblocktrommel, Xylophon mit Holzschlegeln angeschlagen). Ganz sicher nehmen nach und nach alle Kinder dieses Metrum auf.
Im anschließenden Gespräch wird der Spielablauf bewußt gemacht und als Aufgabe formuliert:
Die Phasen „Durcheinander" (jeder allein, jeder wie er will) und „Miteinander" (alle zusammen, alle gleichmäßig) wechseln ab.
Bei der Wiederholung gibt nicht die Erzieherin, sondern ein vorher benanntes Kind den Wechsel in die geordnete Phase an.
Diese Spielform stellt das Kind in die Spannung zwischen Selbständigkeit und Anpassung. Auf der einen Seite hat es die Möglichkeit, das Instrument nach seinen Vorstellungen auszuprobie-

ren und dabei seine spontanen emotionalen und motorischen Impulse auszuagieren. Auf der anderen Seite muß es auf ein Signal hin sofort umschalten, seine Motorik steuern und sich einer gegebenen Ordnung anpassen. Im Vollzug dieses Wechsels liegt das pädagogische Ziel des Spiels. Musikalisches Lernen ist bei diesem Beispiel nicht allein das Ziel.

„Dirigentenspiel“

Alle Kinder sitzen an Stabspielen. Einer ist Dirigent und bestimmt durch das Spiel an seinem Instrument genau, wie die anderen spielen sollen. Wenn er genug hat, gibt er seine Rolle an ein anderes Kind ab.

Die Gruppe wird nach und nach immer mehr Gestaltungsmöglichkeiten entdecken, die der Dirigent einsetzen kann. Sie werden benannt und dadurch bewußt gemacht: Verschiedenste Anschlagarten mit und ohne Schlegel (Klangfarbe); Veränderungen des Tempos (schnell – langsam – schneller und langsamer werden); Veränderungen der Tonhöhe (tiefe Töne – hohe Töne – Tonsprünge – Tonschritte); Pausen, Wiederholungen. Das Kind lernt so erste und musikalische Ordnungen kennen und übt sich gleichzeitig im genauen Schauen, Hören und Reagieren.

Die meisten Kinder übernehmen gerne die Dirigentenrolle. Sie genießen die Situation, daß sie den Spielablauf bestimmen und dabei nichts falsch machen können.

Die Instrumente werden geordnet, z. B.: Xylophone, Metallophone, Glockenspiele, Fellinstrumente, Rasseln . . . Ein Kind ist Dirigent und wendet sich jeweils der Instrumentengruppe zu, die gerade spielen soll. Mit seinen Handzeichen führt er die Gruppe und bestimmt genau Tempo, Lautstärke, Anschlagart.

Im Wechsel von verschiedenen Instrumentengruppen kann der Dirigent und mit ihm die Gruppe erste Erfahrungen in der Kombination von Klangfarben machen. Die Gestaltungsversuche werden auf Tonband aufgenommen und anschließend besprochen.

Diese Variante ist schwerer als die erste Form, weil der Dirigent sich für alles, was er der Gruppe vermitteln will, Zeichen ausdenken muß. Die Frage „wie kann ich laut, leise, schnell, langsam, Anfang und Schluß ausdrücken?“ wird zwischendurch mit allen Kindern erarbeitet. Da es sich um nicht festgelegte Zeichen handelt, dürfen die Lösungen der einzelnen voneinander abweichen. Es geht also nicht um richtige oder falsche Zeichen, sondern um deutliche und undeutliche.

„Sich-Einigen“

Die Instrumente sind z. B. nach Klangfarben geordnet. Die Spieler einer Gruppe fangen an, in einem beliebigen Tempo zu spielen. Ohne Absprache soll die Gruppe nach einer Weile zu einem gemeinsamen Tempo und dann zu einem Schluß finden. Danach wird die Aufgabe von einer anderen Gruppe wiederholt.

Es ist wichtig, am Anfang deutliche Einschnitte zu machen und jedem Kind der nächsten Gruppe Zeit zu lassen, ein ganz neues, individuelles Ausgangstempo zu finden. Vorstellungshilfen für gegensätzliche Tempi einsetzen (z. B. springendes Pferd, schleichende Katze, fliehende Maus) und weitere Beispiele von den Kindern erfinden lassen. Das Spiel gelingt nur bei starkem persönlichem Einsatz (hören, schauen, spüren, einfühlen, nachgeben). Daher sollten in jeder Instrumentengruppe nur zwei, höchstens drei Spieler sein, die anderen beobachten oder bewegen sich zu dem Tempo der Musik.

„Sich-Einfügen“

Alle Kinder sitzen mit Stabspielen (pentatonische Reihe*) oder Instrumenten aus dem kleinen Schlagwerk im Kreis. Die Erzieherin (eventuell ein Kind) beginnt mit gleichmäßigen Schlägen. Die Kinder setzen deutlich nacheinander ein und erfinden auf ihrem Instrument eine Begleitung, „die dazu paßt“.

Diese offene Formulierung der Aufgabe fordert die Kinder auf, sich in das gegebene Maß einzuhören und einzuschwingen, d. h. eine Bindung einzugehen, die gleichzeitig genügend Spielraum für individuelle Ausdrucksformen zuläßt, wie

- das Metrum** durch langsame oder schnelle Schläge unterteilen
- ein gleichbleibendes rhythmisches Motiv (Ostinato)
- ein gleichbleibendes melodisches Motiv (Ostinato)
- vereinzelte Geräusche, Klänge oder Töne
- Akzente (Betonungen)

Anhand von Tonbandprotokollen kann geklärt werden, inwieweit bei den einzelnen Beispielen die Eigenart des jeweiligen Instru-

* Tonfolge ohne Halbtonschnitte, z. B. c - d - e - g - a
** gleichmäßiges Schlagen

mentes berücksichtigt wurde. So sind z. B. schnelle Rhythmen oder Melodien auf einem lang nachklingenden Instrument wie Metallophon, Glockenspiel oder Becken schwer erkennbar.
Der Zugang zu dieser Spielform kann auch über die Sprache oder die Bewegung gewonnen werden.

– Von der Sprache ausgehen: (für ältere Kinder)
Ein beliebiges Thema. Die Erzieherin legt durch ihre Frage Metrum und Phrasenlänge fest. Die Kinder unterstützen das Metrum durch eine leise Begleitung mit Klanggesten und ordnen ihre Antworten dem gegebenen Maß ein:

– Von der Bewegung ausgehend: (für ältere Kinder)
Ein Kind der Bewegungsgruppe beginnt zu gehen, zu laufen oder zu hüpfen.
Die anderen Kinder der Bewegungs- und Instrumentalgruppe passen sich seinem Tempo an. Das „Sich-Einfügen“ bezieht sich lediglich auf das Tempo. Die Bewegung bzw. Rhythmen und Klänge können frei gestaltet werden. Die Instrumentalisten hören aufeinander und lernen allmählich, ihre Rhythmen aufeinander abzustimmen. An folgendem Beispiel soll erläutert werden, was damit gemeint ist:

Die Kassette „Hört, singt, spielt, tanzt mit uns“ (CKa: 213) bietet solche Beispiele an. Es sind dies die Nummern 2, 3, 5. Die Kinder, die auf Stabspielen begleiten, haben die Möglichkeit, zusätzlich zur rhythmischen Improvisation auch mit Tönen zu variieren. Es ist sinnvoll, die Tonauswahl zunächst einzugrenzen. Dafür werden entweder Tonreihen ohne Halbtonschritte oder nur Dreiklangstöne gewählt:

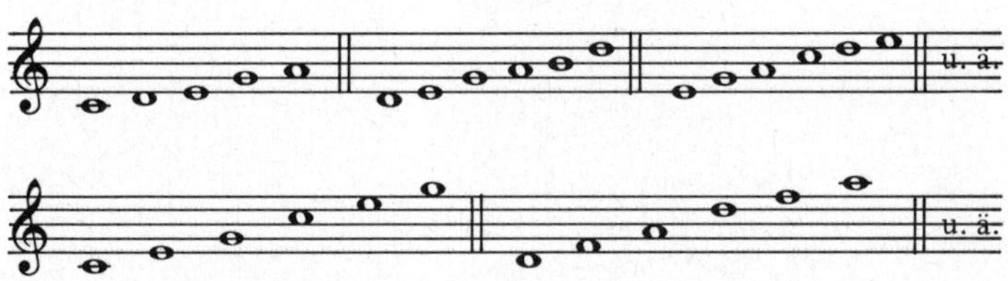

Stören – Anderssein“

Ein Spieler gibt ein Metrum an, die Gruppe übernimmt es (oder: eine Instrumentengruppe einigt sich auf ein Metrum, die anderen übernehmen es; oder: die Gesamtgruppe findet ein gemeinsames

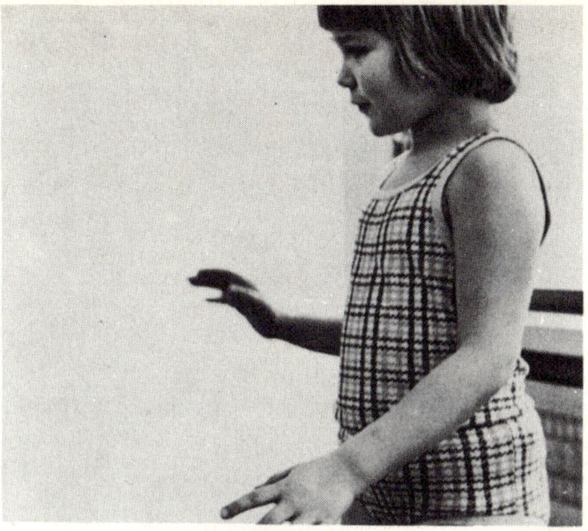
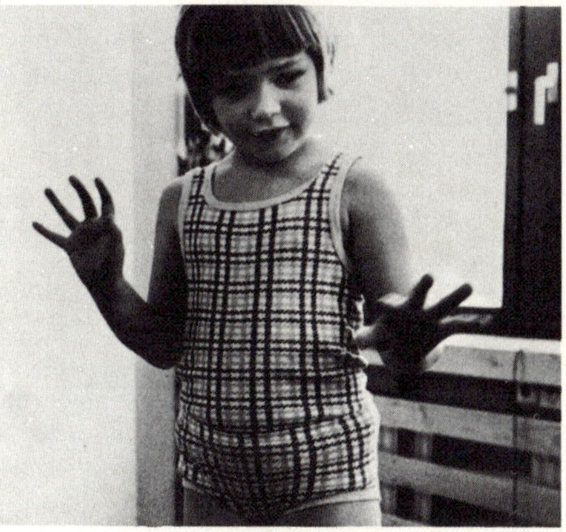
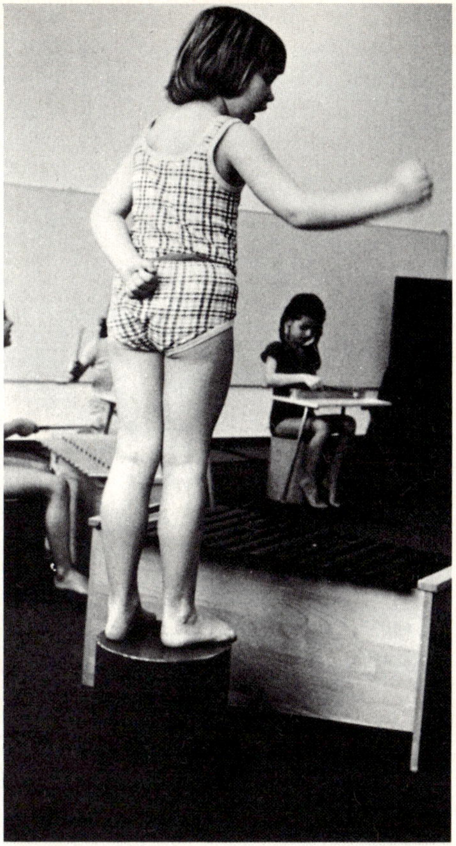

Metrum). Danach versucht ein Kind durch störende, d. h. gegen das Metrum gerichtete Einfälle auf seinem Instrument, die Gruppe aus dem Gleichmaß zu bringen. Es versucht, „ganz anders zu sein".

Variante . . .

Der „Störenfried" gibt seine Rolle ab

a) durch Blick-Kontakt zu einem Partner
b) wenn ein anderer Störenfried auftaucht.

Das Spiel verlangt Konzentration und rasche Entschlußkraft von den Instrumentalisten. Es ist schwer, sich nicht irritieren und aus der Ruhe bringen zu lassen, schwer aber auch, sich in seiner Eigenart gegen die anderen zu behaupten. Da es hierbei um pädagogische Ziele geht, sollte die Spielform nicht nur „aus Spaß" durchgeführt werden, sondern mit der Absicht, den Kindern eine wichtige Erfahrung zu vermitteln. Eine natürliche Motivation für dieses Spiel entsteht z. B. dann, wenn ein Kind bei Aufgaben, in denen es um das Anpassen an ein gegebenes Metrum geht, immer wieder Schwierigkeiten hat und Mißerfolge erlebt. Hier kann das Spiel helfen, das Anderssein positiv zu erfahren. Eine weitere Motivation ergibt sich aus der Beobachtung, daß es Kindern und Erwachsenen schwerfällt, sich von einem Metrum zu lösen und metrisch ungebunden zu improvisieren. In Verbindung mit den Spielformen „Sich-Einigen", „Sich-Einfügen" trägt die Aufgabe „Stören – Anderssein" dazu bei, eine zu starke metrische Fixierung auszugleichen bzw. von vorneherein zu vermeiden.
Überall dort, wo die räumlichen Bedingungen es zulassen, sollte das Spiel nach Möglichkeit zuerst als Bewegungsaufgabe gelöst werden. Aufgrund der vorangegangenen, im körperlichen Bereich gewonnenen Erfahrung kann das Kind leichter das Wesentliche der musikalischen Gestaltungsaufgabe herausspüren und realisieren.

„Dialog"

Zwei Partner erzählen sich etwas mit ihren Instrumenten. Sie können kurz oder lang miteinander „reden" und dabei Ruhe, Aufregung, Langeweile, Freude, Ärger, Wut, Zögern . . . ausdrücken. Sie können fragen, antworten, streiten, wiederholen, unterbrechen, pausieren.
In kurzen Gestaltungsversuchen werden einige dieser Ausdrucks- und Verhaltensmöglichkeiten ausprobiert und bewußt gemacht. Manche Kinder möchten nach ihrer Improvisation gerne wissen, ob sie deutlich waren in dem, was sie ausdrücken wollten. Daher erhalten die zuhörenden Kinder die Aufgabe, nach jedem Spielablauf ihre Eindrücke mitzuteilen.

„Uhrenladen"

Spielregel: Ein Kreis mit drei bis fünf Kindern. Jedes Kind stellt mit seinem Instrument das Uhrenticken dar. Ein Kind geht als „Uhrenmacher" um den Kreis herum und „zieht die Uhren auf", z. B. langsames Aufziehen entspricht dem langsamen „Ticken großer Uhren", schnelles dem der kleinen. Es ist nicht einfach, ein Tempo gegen das andere durchzuhalten. Der „Uhrenmacher" findet eine Form, die „Uhren zum Stillstand zu bringen."

„Solokonzert" (eingebettet in die Lieder 1 und 2)

1.

Nora Berzheim

Begleitstimme für die Erzieherin:

* Es folgt eine Improvisation mit Rhythmusinstrumenten oder auf Melodieinstrumenten mit Tönen verschiedener Tonreihen.

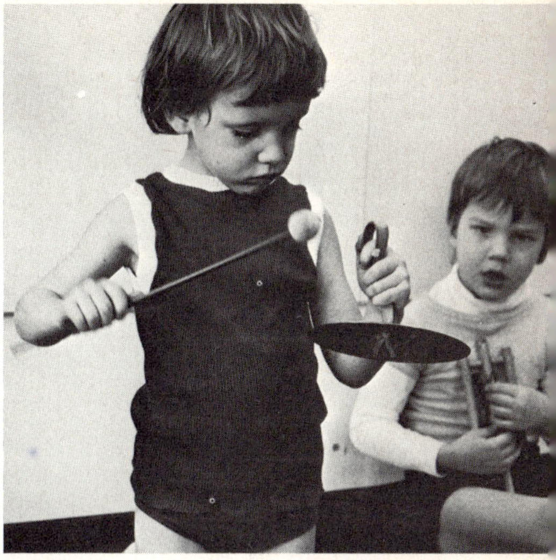

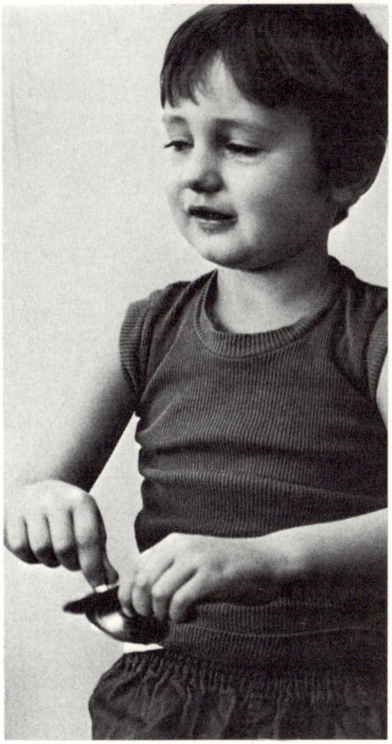
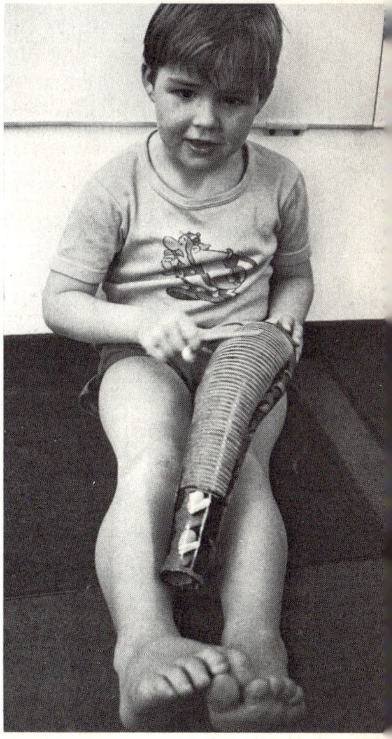

2. Nora Berzheim

Ziel dieser beiden Lieder ist, die Spielmöglichkeiten des gewählten Instruments zu erfahren. Zunächst entscheidet der Solist, wie lange er musiziert. Später kann als Improvisationszeit die Länge des Liedes vorgeschlagen werden.
Eine Vor-, Zwischen- oder auch eine Begleitstimme zu den Liedern ist deshalb sinnvoll, weil die Kinder im Singen sicherer werden, wenn das Lied immer wieder in der gleichen Tonhöhe gesungen wird. Durch ein Zwischenspiel können die Kinder den gemeinsamen Ton finden. Sie werden zum gemeinsamen neuen Beginn eingestimmt, was dem Singen in der Gruppe u. a. den besonderen Reiz verleiht.

Spielregeln für beide Improvisationsspiele:

1. Durch Blickkontakt wird der nächste Solist bestimmt.
2. Im Kreis liegen Bildkarten von Instrumenten. Ein Kind wählt nach dem Lied eine Karte. Alle Kinder, die ihr Instrument auf der Karte erkennen, improvisieren gemeinsam und begleiten dann auch das Lied.

* Es folgt eine Improvisation mit Rhythmusinstrumenten oder auf Melodieinstrumenten mit Tönen verschiedener Tonreihen.

Vor- und Zwischenspiel, auch Begleitstimme für die Erzieherin:

2. Elementare Formeln rhythmisch-melodischer Begleitung

Musizieren mit festen Formeln setzt das Vertrautsein mit rhythmischen Grundelementen, melodischer Linienführung und einfachen formalen Gestaltungsprinzipien voraus. Sie begegnen dem Kind bereits beim Singen, Sprechen und Tanzen, bleiben zunächst aber unbewußt. Die Erzieherin hat die Aufgabe, diese rhythmischen, melodischen und formalen Gestaltungselemente allmählich und schrittweise aus dem ganzheitlichen Erleben herauszugliedern, bewußtzumachen und wieder zu ganzheitlichen Formen zusammenzufügen.
Das Lied ist für Kinder dieser Altersstufe das geeignetste Material, um rhythmische, melodische und formale Gestaltungselemente zu erfahren. Daher gehen die folgenden Anregungen von einem Lied aus.

Lied

Nora Berzheim

* Der Text ist auf verschiedene Handwerksberufe abwandelbar. Die Kinder erfinden weitere Strophen.

– Rhythmische Begleitformeln mit Klanggesten zum Lied

Diese Formeln entsprechen Ostinati, d. h. innerhalb eines Musikstückes wiederholt sich eine kurze rhythmische Phrase: 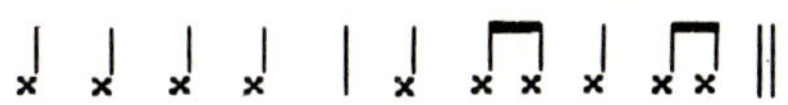

– *Rhythmische Begleitung mit dem kleinen Schlagwerk zum Lied*

Die erarbeiteten Begleitungen werden auf die Rhythmusinstrumente übertragen. Die drei Beispiele können abwechselnd musiziert werden.

1.

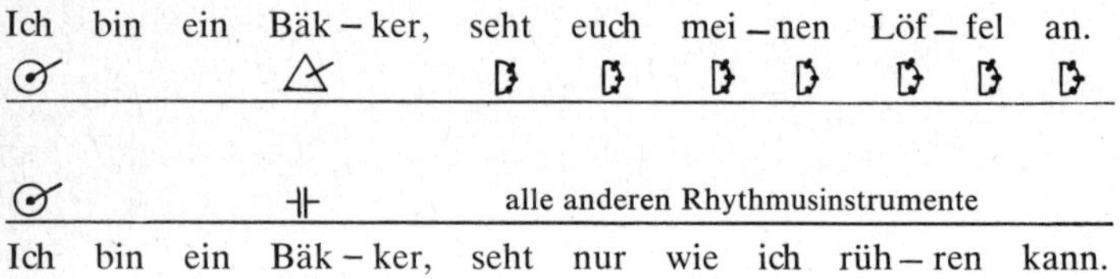

2.

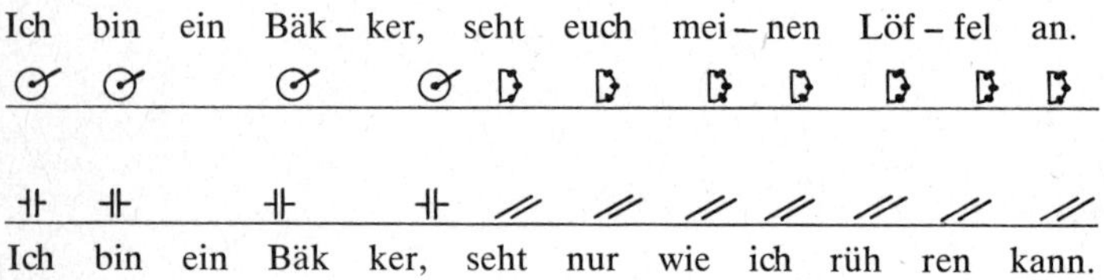

3.

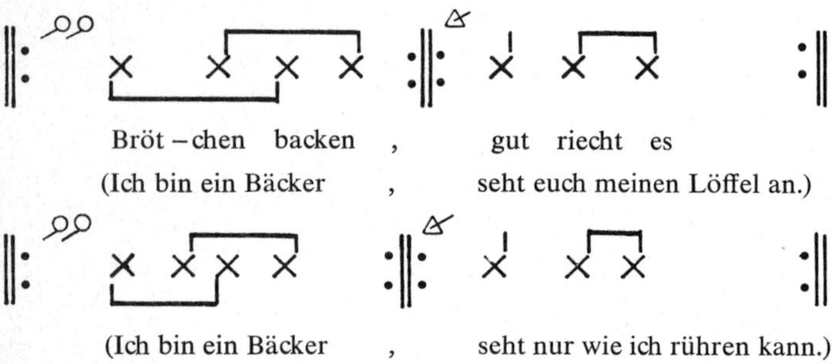

– *Rhythmisch-melodische Begleitung mit Stabspielen*

In der Kindergartenpraxis kann das Musizieren eines mehrstimmigen Begleitsatzes nur Fernziel sein, weil es im allgemeinen nicht dem Musizierverhalten des Kindes entspricht. Doch soll an diesem Beispiel deutlich werden, daß von vorausgeübten rhythmischen Begleitformeln mit Klanggesten und Rhythmusinstrumenten nur ein kleiner Schritt dahin ist. Kinder der ersten Grundschulklassen können durchaus zu dieser Musizierform hingeführt werden, wenn das ganzheitliche spielerische Erleben vorausgegangen ist.

Der Pädagoge wird beim Erarbeiten eines Liedsatzes zumeist in folgender Weise verfahren:

- Die rhythmische Struktur aus dem Begleitsatz herausanalysieren
- diese über Klanggesten und Rhythmusinstrumente erarbeiten
- dann dieses rhythmische Spiel auf die Begleittöne der Instrumente übertragen.

3. Improvisation kleiner Melodien

Folgender Abschnitt soll in erster Linie eine Lernhilfe für die Erzieherin selbst sein und Lehrern für ihren Musikunterricht methodische Hilfen vorstellen.
Die Struktur des Liedes vom Bäcker steht hier exemplarisch für eine schlichte Melodiegestalt und will mögliche Melodiestrukturen zum Improvisieren verdeutlichen:

Melodie:

Für die Improvisation eines Vor-, Zwischen- oder Nachspiels zu diesem Lied muß zunächst die Tonart des Liedes und damit sein Grundton ermittelt werden.

Hierfür gibt es eine Regel:

- Zumeist endet ein Kinderlied auf dem Grundton. Bei unserem Beispiel ist es der Ton A, also eine A-Tonart.
- Das Intervall zwischen dem 1. Ton der Tonart (hier A) und dem 3. Ton (hier C) ist eine kleine Terz. Das charakterisiert eine Moll-Tonart. (Eine große Terz z. B. A – Cis charakterisiert eine Dur-Tonart.)
  Wir wissen nun, daß es sich bei diesem Lied um den Grundton A handelt und Moll-Charakter zeigt.

Bei ersten Improvisationsversuchen ist es hilfreich, den Tonraum einzuschränken, etwa nur mit 2 oder 3 Tönen zu spielen und erst allmählich den Tonraum zu erweitern.
Der liniare Fluß einer melodischen Improvisation kann dadurch unterstützt werden, daß man nur mit einem Schlegel musiziert.

Erste improvisatorische Spielformen

Die Improvisation beginnt und endet mit dem Grundton:

– *Improvisation mit zwei Tönen*

– *Echospiele mit drei Tönen*

– *Frage-Antwort-Spiel (musikalischer Dialog) mit vier Tönen*

Der Spieler imitiert nicht mehr den ersten Teil, sondern er führt das Motiv zum Ausgangston zurück, z. B.:

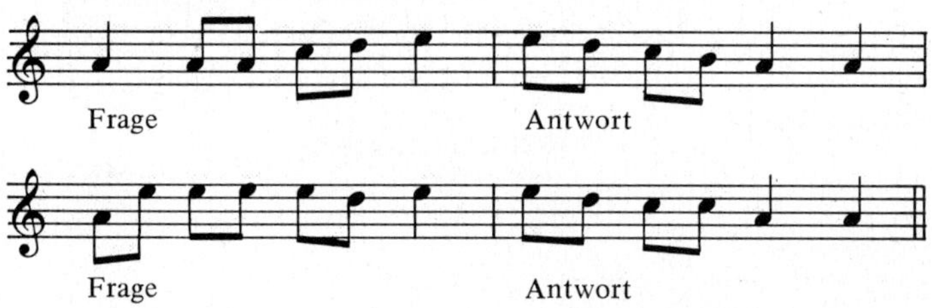

– *Improvisation einer zusammenhängenden Melodie*

Die Improvisation beginnt mit dem Grundton – führt stufenweise oder mit kleinen Sprüngen zu den oberen Tönen der Tonreihe – umspielt den 5. Ton – führt die Melodie wieder zum Grundton zurück.

Muster einer instrumentalen Liedbegleitung mit Vor- und Nachspiel

Vorspiel: Flöte oder Glockenspiel

Begleittöne: Xylophon

Lied

Begleittöne für mehrere Stabspiele

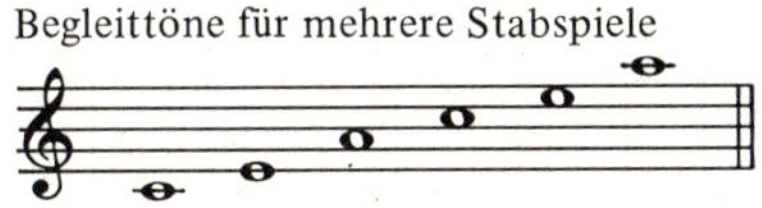

Nachspiel: Flöte oder Glockenspiel

Dazu Begleittöne wie beim Vorspiel

Literatur und Medien

Keetmann: Elementaria. Stuttgart: Klett
Keller: Ludi musici I/II. Boppard; Fidula
Kreusch-Jakob: Das Musikbuch für Kinder. Ravensburg: Otto Maier
Instrumente von Studio 49; von Sonor
Kassette: Hört, singt, spielt, tanzt mit uns. CKa 213

Kinder gestalten mit Sprache

1. Spiele mit Reimwörtern

Wenn innerhalb der elementaren Musik- und Bewegungserziehung von Spielen mit Sprache die Rede ist, dann sind vorwiegend Spielformen gemeint, in denen das Kind entweder experimentierend und gestaltend mit Sprache umgeht, oder aber bereits vorhandene Sprachformen (Märchen, Geschichten, Kinderreime, Sprechverse) nachgestaltet und mit Musik und Spiel begleitet bzw. interpretiert.
Während in der Spieleinheit (2) Möglichkeiten dargestellt werden, einen *bereits vorhandenen Text* vielfältig zu gestalten, geht es in der Einheit (1) um Klangassoziation und Sprachgestaltung mit Sprache. Der Ausgangspunkt ist das Reimwort. Es ist bekannt, daß die Freude des Kindes an Sprechversen, Abzählversen und Kinderreimen weniger durch den Inhalt hervorgerufen wird, als vielmehr durch Klang und rhythmische Struktur der Sprache. Dabei lösen gerade Klangwörter (rims, rams, rums – eiapopeia – tra-ri-ra) und Endreime eine Faszination beim Kind aus, wie sie in dieser Intensität auf keiner anderen Altersstufe wieder erlebt wird. Das Ziel der folgenden Spielformen ist es, diese ursprüngliche Freude des Kindes am Sprachklang zu erhalten, sein Interesse auf bestimmte Elemente der Sprache zu richten (Sprachlaute, Sprachrhythmus, Sprachmelodie), seine auditive Unterscheidungsfähigkeit und der Fähigkeit zur klanglichen Assoziation zu entwickeln und seine sprachlichen Gestaltungskräfte zu entfalten und zu differenzieren.
In den Spielformen des ersten Teiles geht es um das Finden, Einüben und Festigen von Reimpaaren. Das Kind erwirbt sich auf dieser Stufe das Material, mit dem es später gestalten kann. Das Heraussuchen eines passenden Reimwortes aus dem weiten Feld sprachlicher Möglichkeiten ist ein Vorgang, der jüngeren Kindern (3 bis 4 Jahre) schwerfällt bzw. mißlingt. Ihnen sollten deshalb Arbeitsmittel in Form von Bildkarten zur Verfügung gestellt werden, die durch die optische Hilfe den Prozeß des Zuordnens überschaubar machen.

a) Spiele mit Arbeitshilfen

*Einzelne Bildkarten**

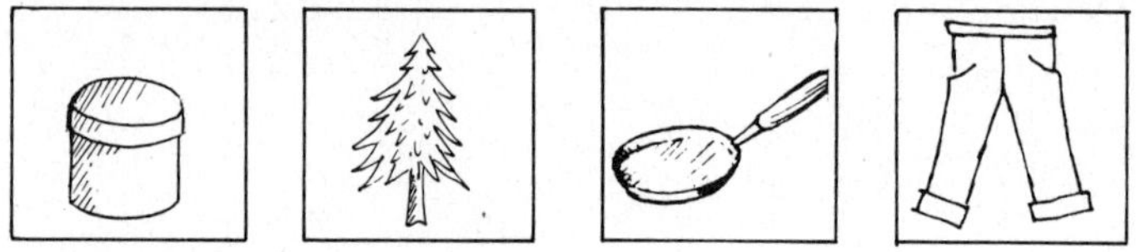

Alle Bildkarten liegen aufgedeckt auf dem Boden. Die Kinder benennen die Karten und ordnen die Reimpaare einander zu (Dose – Hose; Tanne – Pfanne).

Varianten

a) Partneraufgabe: Ein Kind greift ein Bild heraus, das andere sucht die Karte mit dem entsprechenden Reimwort. Beide benennen die Karte laut. Danach Rollenwechsel.
b) Die Bildkarten liegen *verdeckt* auf dem Boden. Eine Karte wird aufgedeckt und laut benannt. Wer ein passendes Reimwort nennen kann, bekommt die Karte und darf die nächste aufdecken.
Der Lerneffekt wird erhöht, wenn das Spiel in kleinen Gruppen durchgeführt wird oder mehrere Gruppen gleichzeitig mit verschiedenen Spielsätzen spielen.
c) Eine Bildkarte wird aufgedeckt; alle Kinder *zeichnen* das entsprechende Reimwort.

Hier wird die Lösung bildnerisch dargestellt. Diese und ähnliche Aufgabenstellungen haben das Ziel, die ursprüngliche Fähigkeit des Kindes, sich in den Medien Sprache und Bild in gleicher Weise sicher auszudrücken, zu erhalten und zu differenzieren. Das Spiel kann auch als Partneraufgabe durchgeführt werden.

* Bildkarten zu Reimwörtern sind auf dem Spielwarenmarkt noch nicht erhältlich. Sie müssen vom Erzieher (Eltern oder den älteren Kindern) selbst hergestellt werden. Das im Dokumentationsteil abgebildete Arbeitsmaterial ist noch nicht veröffentlicht.
Siehe auch „Sehen, Hören und Sprechen", Ravensburger Arbeitsbogen, Stufe 1, Blatt 43/44.

*Domino**

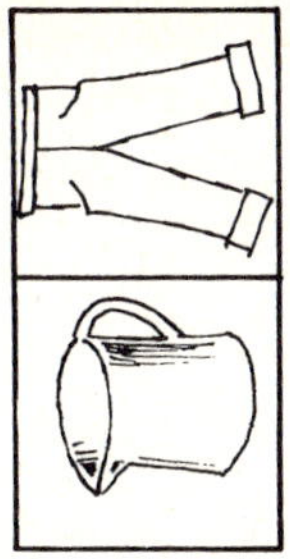

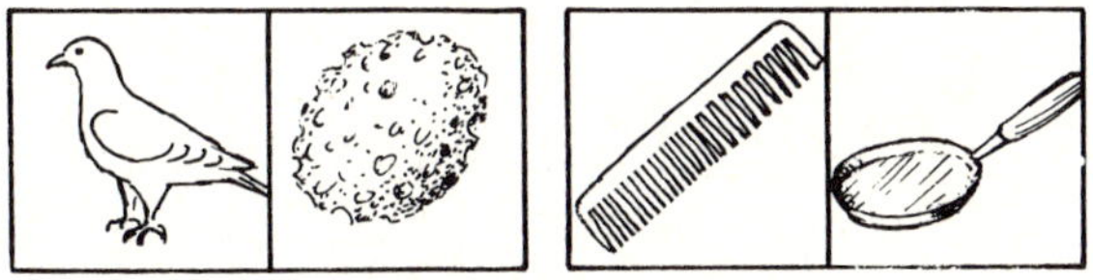

Die Domino-Karten werden gleichmäßig an die Spieler verteilt. Eine Karte wird aufgedeckt. Wer kann rechts oder links eine von seinen Karten mit dem Reimwort anlegen?

b) Spiele ohne Arbeitsmittel

Varianten

a) Kettenreim
Ein Kind nennt ein Wort, ein anderes ein entsprechendes Reimwort und gleich wieder ein neues Wort (in der Gruppe oder als Partneraufgabe).

b) Der Kettenreim wird von 2 Kindern gezeichnet.

Erweiterter Kettenreim

Die ganze Gruppe beteiligt sich.

a) „Mein Wort heißt Hose"
„Mein Wort heißt Dose"

b) „Ich sage gießen"
Ich sage fließen"

c) „Bunter Rock"
„Dicker Stock"

* Auch diese Karten sind auf dem Markt noch nicht erhältlich. Sie können von den Kindern selbst hergestellt werden.

Je mehr sich die Kinder von der gewohnten Sprechweise lösen und mit Sprechtempo, -rhythmus, Stimmlage, Lautstärke experimentieren, desto lebendiger wird das Spiel und desto mehr Möglichkeiten hat der einzelne, seine sprachgestalterischen Kräfte zu entfalten (im Erfinden) und seine auditive Wahrnehmung zu differenzieren (im Erfassen und Wiedergeben der vorgegebenen Struktur).

Zeit: (metrisch gegliedert)

Zeit: (frei gegliedert)

Sprechanlage:

Dynamik:

„Lachgeschichten"
(„Vekehrte Welt")

Die Kinder suchen Bildkarten heraus, die die Endreime einer „Lachgeschichte" bilden. Die Geschichte braucht keinen logischen Zusammenhang aufzuweisen, sie sollte die Kinder vielmehr zu spontanem Spiel mit der Sprache motivieren*.

Ein Pferd auf einer [Bank,]
ein Mann in einem [Schrank,]
ein Bett in einer [Flasche,]
ein Igel in der [Tasche,]

* Siehe auch „Westermann Lesebuch 1", Seite 34 „Kinder dichten". Georg-Westermann-Verlag Braunschweig, 1972

ein Affe kocht Papier,
ein Nilpferd spielt Klavier.

Ein Floh auf einer Bank,
ein Dieb in einem Schrank,
ein Baum in einer Flasche,
ein Hund in einer Tasche,
ein Haifisch frißt Papier,
ein Vogel spielt Klavier.

(5jährige Kinder)

Die Erzieherin gibt den Anfang des Modells. Danach spielen die Kinder in kleinen Gruppen, zu Paaren oder allein weiter. Die Geschichten werden spontan erfunden. Dabei sollten unbedingt alle Lösungen anerkannt werden. Gerade kuriose Ideen bieten einen starken Anreiz, sowohl bildnerisch als auch musikalisch (Singen, Geräusch- und Klangimprovisation) gestaltet zu werden. Die Erzieherin sollte Impulse dieser Art unterstützen; denn es ist für ein Kind ein starkes Erlebnis, wenn es eine Geschichte selber erfunden, gezeichnet und vertont hat.

Kinder erfinden Liedtexte

Liedtexte weisen in der Regel ein festes Versmaß und eine klare Struktur auf, die in allen Strophen unverändert bleiben. Schon kleine Kinder können sich verhältnismäßig leicht in ein gegebenes Metrum, Versmaß und Zeilenlänge einschwingen, dieses aufnehmen und fortsetzen, besonders wenn sie oft Gelegenheit hatten, bei Bewegungsspielen Metren und Phrasenlängen körperlich zu erfahren und auszudrücken. Bevor die Erzieherin die Kinder jedoch vor die Aufgabe stellt, ganz frei, d. h. ohne weitere Angaben einen Liedtext* zu erfinden, sollte er sie zunächst einzelne Textteile ergänzen oder kleine Zwischenteile erfinden lassen.

Erstes Beispiel

Lied u. Text: Karl Foltz

Die Klangwörter am Anfang jeder Strophe werden nun verändert. Die Kinder finden eine ergänzende Reimzeile.

I – o – u – ich komm heut ohne Schuh I – o – e – ich bin die schöne Fee I – o – au – ich komm als Blumenfrau I – o – ei – ich bin ein Papagei	} der mittlere Teil des Liedes bleibt zunächst unverändert

(4- und 5jährige Kinder)

Kinder mögen nicht irgendeine beliebige Strophe erfinden, sondern durch den Text unmittelbar ausdrücken, in welcher Verkleidung *sie* zum Faschingsfest kommen. Sie wollen ihre eigene Strophe haben. Daraus ergeben sich neue reizvolle Erfindungsübungen. Diesmal ist die zweite Hälfte der Zeile gegeben (ich komm als schwarze Katze) und die Klangwörter zu Beginn der Strophe müssen assoziiert werden (ritze – rutze – ratze). Diese Form fällt den Kindern schwerer als die erste, weil sie zu einer „Antwort" erst die „Frage" erfinden und dabei noch erkennen und berücksichtigen müssen, daß sich die Vokale innerhalb der Klangwörter verändern. Die Schwierigkeit wird ihnen jedoch gar nicht bewußt, wenn sie mit der Textzeile beginnen und dazu passend die Klangwörter erfinden:

„Ich komm als schwarze Katze –
ritze – rutze – ratze."

* Gemeint ist in diesem Zusammenhang immer der metrisch gebundene Text.

** aus: Karl Foltz: „Sing doch fröhlich mit". Möseler Verlag Wolfenbüttel

Zum Singen werden dann die Vershälften lediglich ausgetauscht.

I – o – es – ich geh heut als Prinzeß
Flippe – flappe – fluppe – ich bin die Negerpuppe
Hopp – hipp – hepp – ich bin der lust'ge Sepp
Ritze – rutze – ratze – ich komm als schwarze Katze

(5jährige Kinder)

6jährige Kinder können mit Hilfe der Erzieherin eine *ganze Strophe* erfinden, besonders wenn die Länge des Zwischentextes durch häufiges Singen vertraut ist. So entstanden in einer Gruppe 6-Jähriger folgende Texte:

I – o – u – jetzt weiß ich was ich tu:
Ziehe mich ganz lustig an,
tanz so schnell wie ich nur kann
I – o – u – jetzt weiß ich was ich tu.

I – o – au – der Kasperl der ist schlau,
nimmt der Hex den Besen weg,
hei, die Hex fällt in den Dreck
I – o – au – der Kasperl der ist schlau.

I – o – e – zum Fasching ich heut geh,
alle Kinder trinken Limo.
Heute brauchen wir kein Kino.
I – o – e – zum Fasching ich heut geh.

I – o – eu – wir machen uns ganz neu.
Peter ist ein Schornsteinfeger,
Christa ist ein schwarzer Neger.
I – o – eu – wir machen uns ganz neu.

(Kindergruppe Artlkoven)

Hier wurden Versmaß und Form genau eingehalten. Solche Lösungen entstehen nicht spontan, sondern sind die Endform eines Gestaltungsprozesses. (Vgl. die spontanen Textimprovisationen auf Seite 41, 42).

Zweites Beispiel

In einem hicke hacke hucke Häuschen
wohnt ein kleiner Mann, wohnt ein kleiner Mann,
in einem hicke hacke hucke Häuschen
wohnt ein ganz kleiner Mann!

Ei, was macht er da? Ei, was macht er da,
in dem hicke hacke hucke Häuschen?
Ei, was macht er da? Ei, was macht er da,
der ganz kleine Mann.

Macht ein ticke tacke tucke Tänzchen
mit der kleinen Frau,
Macht ein ticke tacke tucke Tänzchen
mit der ganz kleinen Frau.*

Loni Gromann

Erzieherin und Kinder verändern die Ausgangsstrophe und ersetzen die Worte „kleiner Mann" durch Abwandlungen wie „starker Mann", „kranker Mann", „böser Mann". Die Antwort auf die Frage „Ei, was macht er da?" wird entweder spontan von einem Kind improvisiert oder in der Gruppe gemeinsam erfunden. 5jährige Kinder erfanden folgende neue Strophen:

In einem hicke hacke hucke Häuschen
wohnt ein kranker Mann.
Ei, was macht er da?. . .
Liegt im bicke backe bucke Bettchen,
der ganz kranke Mann

In einem hicke hacke hucke Häuschen
wohnt ein starker Mann.
Ei, was macht er da?. . .
Fällt das bicke backe bucke Bäumchen,
der ganz starke Mann.

In einem hicke hacke hucke Häuschen
wohnt ein böser Mann.
Ei, was macht er da?. . .
Schlägt das hicke hacke hucke Hündchen,
der ganz böse Mann.

* aus: Lieselotte Rockel: „Das Liedernest". Fidula-Verlag

Drittes Beispiel
von Endreimen zum Liedtext

Die Erzieherin bietet den Kindern Bildkarten zu Reimwörtern an, z. B.

Haus

Riese

weg

Speck

Wiese

Maus

In den vorangegangenen Spielformen mit Reimwörtern kam es noch nicht auf einen inhaltlichen Zusammenhang an. Bei der Erfindung eines Spielliedtextes dagegen muß das Kind in der Lage sein, einen Inhalt chronologisch darzustellen. Dies wird geübt, indem die Kinder zunächst einige Bilder zu einer Sequenz zusammenstellen und dazu eine Geschichte erfinden (Haus – Riese – Maus; Riese – Maus – Speck). Dabei bestimmen sie über Auswahl, Anzahl und Reihenfolge der Bilder selbst und entscheiden, ob sie die Geschichte erzählen, singen oder szenisch darstellen.
Auf der nächsten Stufe versuchen die Kinder, den Text in ein Versmaß zu bringen.
Es ist ein typisches Beispiel dieser Altersstufe, nämlich ein Gemisch von Reimpaaren und metrisch freien Zeilen.

Eine kleine Maus
kam aus ihrem Haus
und lief auf die Wiese,
da fand sie ein Riese.
Die Maus lief ganz schnell weg,
weil sie dem Riesen den Speck aufgefressen hatte.

(Andreas, 5 Jahre)

Es war einmal ein Riese,
der schlief grad auf der Wiese,
da kam eine kleine Maus,
die weckt ihn auf; da fängt er sie
und nimmt sie mit nach Haus.
Die Maus fraß allen Speck
und lief dann ganz schnell weg.

(Katharina, 5 Jahre)

Auf einer grünen Wiese,
da saß ein dicker Riese,
da kam eine kleine Maus,
die zeigt dem Riesen ihr Haus.

Antontia, 5 Jahre)

Die Erzieherin sollte vermeiden, die Kinder zur Einhaltung eines strengen Versmaßes zu zwingen (z. B. alle Verse müssen mit einem Auftakt anfangen, alle Zeilen müssen gleich lang sein). Solche Einschränkungen blockieren Spontaneität und Expressivität. Kinder haben Spaß an Unregelmäßigkeiten. Diese führen gerade bei „Vertonungen“ zu reizvollen Lösungen wie Taktwechsel, Pendeln zwischen metrisch gebundenem Singen und singendem Erzählen.
In den Einheiten „Singen mit Kindern“ und „Elementare Formen rhythmisch-melod. Improvisation“ werden methodische Hilfen zur melodischen Improvisation (auch von Texten) aufgezeigt.

2. Spielerische Erfahrung musikalischer Elemente bei der Gestaltung eines Abzählverses

Aus dem folgenden Beispiel soll die Erzieherin eine Auswahl der methodischen Hilfen treffen. Da es darum geht, musikalische Elemente zu erfahren und zu erlernen, richtet die Erzieherin das Lernziel nach seiner eigenen Fertigkeit im musikalischen Bereich und nach der Lernbereitschaft der Kinder aus. So bietet die 6. Lernstufe bei der Übertragung von Rhythmen auf Instrumente eher ein Lernziel für Schulkinder an.

a) Abzählvers

Bin i auf da Wies'n gseßn,
hat da Schnegg an Schneider gfreßn.
Schnapp, hat er'n ghabt.
(Scherzreim aus Salzburg)

Wie verhält sich der Pädagoge? (Methodische Hilfen)	**Zielausrichtung**	**Was tut das Kind?** Wiedergaben verschiedener Betrachtungen aus den Kindergruppen
Möglichkeiten, einen Vers mit Kindern zu erlernen: *Der Pädagoge wählt aus!*		
1. Klar, lebendig, nicht zu rasch vorsprechen. Mit Klanggesten begleiten.	Das Kind lernt, mit den Klanggesten einen Vers begleiten. Ostinate Formen	Reaktionen, die überwiegend in verschiedenen Kindergruppen beobachtet wurden: Nur staunendes Zuhören.

Patschen:
Stampfen:
Klatschen:

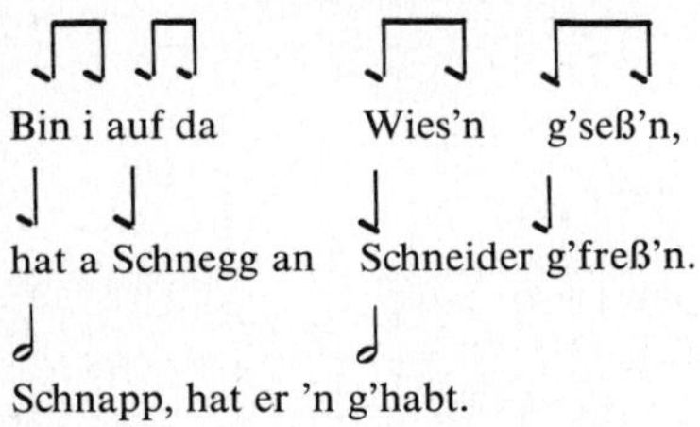

		Bei der Wiederholung die letzte Verszeile nochmals mit den Klanggesten nachsprechen.
Auf die Reaktion der Kinder eingehen oder durch Impulse die Kuriosität des Verses hervorheben.		Äußerungen, die den Inhalt des Textes betreffen: „Das geht ja nicht!" „Die Schnecke frißt den Schneider!"
2. Zum Mitsprechen des Verses auffordern. Das Lernen wird erleichtert durch Echoübungen und dynamische Variation: laut – leise leise – laut	Das Kind übt sein Gedächtnis durch Echospiele. Es lernt dynamisch zu variieren und zu differenzieren.	Eine Kindergruppe spricht laut vor, die zweite Gruppe antwortet leiser im Echo. Die dritte Gruppe noch leiser.

Wie verhält sich der Pädagoge? (Methodische Hilfe)	Zielausrichtung	Was tut das Kind?
3. Vertauschen der Verszeilen	Es lernt, den *Klanggesten* die Verszeilen zuzuordnen Artikulation: Üben der Stimmwerkzeuge.	Ein Kind „dirigiert“ mit den Klanggesten, die dem Vers zugeordnet sind, nach beliebiger Reihenfolge. Die anderen Kinder erraten die dazugehörige Verszeile und sprechen dazu. Eine beliebige Verszeile mit übertriebener Mundbewegung, ohne Klanggesten lautlos vorsprechen. Die anderen Kinder setzen bei der darauffolgenden Verszeile ein und sprechen den ganzen Vers *mit* den Klanggesten weiter.
4. Vorstellungshilfen: „Sprechen, als wenn du eine ● Mausestimme hättest, ● ein Brummbär wärst, ● sprich mit deiner Stimme wie eine langsam eingestellte Schallplatte, wie ● eine schnell eingestellte, ● sprich wie du selbst“	Üben der Modulationsfähigkeit der Sprechstimme. In *verschiedenen Stimmlagen* und mit *verschiedener Klangfarbe und Geschwindigkeit* sprechen.	Die Kinder bringen eigene Ideen, wie sie sprechen könnten, ein.
5. Auf inhaltlich wichtige Wörter rasch zusteuern, dann die Stimme ausschwingen lassen.	*Dynamisches* Sprechen.	
Von den Kindern die inhaltlich wichtigen Wörter heraussuchen lassen und alle Vorschläge durchprobieren. Die betonten Wörter durch einen Schlag auf ein Instrument verstärken. z. B. „Bin ich auf da *Wiesn* gseßn, hat da *Schnegg* an *Schneider* gfreßn. *Schnapp,* hat er'n *ghabt.*“		Die Kinder ordnen die Instrumente den betonten Wörtern zu und begleiten diese auf ihrem Instrument. z. B. *△ bei „Wiesn“ // bei „Schnegg“ ⊥ bei „Schneider“ usw.

* Zeichenerklärung siehe Seite 26

Wie verhält sich der Pädagoge? (Methodische Hilfe)	Zielausrichtung	Was tut das Kind?
6. Das Begleiten mit den körpereigenen Instrumenten liegt den Kindern näher. Das Spiel der Rhythmen auf einem Instrument ist ein Abstraktionsvorgang. Darum müssen Lernhilfen gestuft eingesetzt werden.	Die Rhythmen der Klanggesten auf Instrumente übertragen: Hier übt das Kind die Fähigkeit, eine Tätigkeit von einem Medium ins andere zu übertragen.	*Erste Stufe* Eine Kindergruppe spricht den Vers mit Klanggestenbegleitung, die andere Gruppe führt dazu nur Klatsch- oder Patsch-, Stampf-, Schnalz-Gesten aus.
Der Pädagoge achtet darauf, daß die Aufgaben innerhalb der Gruppen ausgetauscht werden.		*Zweite Stufe* Dasselbe ohne Sprache
Die Zuordnung von Instrumenten, wie sie in Stufe 3 und 4 angeregt wird, von den Kindern festlegen und nach dem Gehör begründen lassen: Warum eignet sich z. B. ein langklingender Metallklang für das Spielen der dritten Verszeile besser als ein kurzer, trockener Klang? U. ä.	Instrumente den Rhythmen zuordnen. 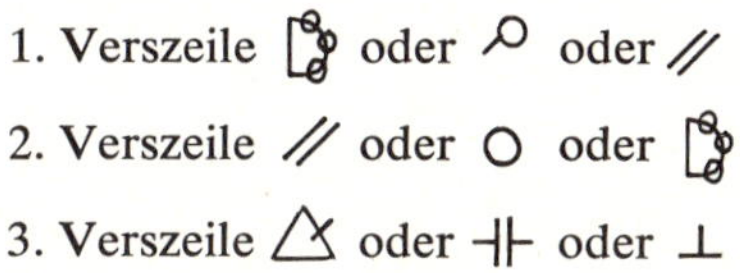	*Dritte Stufe* Das Kind ordnet den Klanggesten Rhythmusinstrumente zu. Spiele wie oben, doch nun mit Rhythmusinstrumenten.
7. Zu einem vollen musikalischen Erleben wird diese rhythmische Dreistimmigkeit, wenn der Pädagoge zu den Rhythmen der Kinder auf einem Melodieinstrument oder mit seiner Singstimme improvisiert.	Rhythmische Dreistimmigkeit erkennen und spielen. 	*Vierte Stufe* Drei Kindergruppen. Jede Gruppe hat Rhythmusinstrumente nach Klangfarben geordnet. Jede Gruppe übernimmt den Rhythmus *einer* Verszeile: Gruppe 1 beginnt und bleibt bei ihrem Rhythmus, Gruppe 2 fügt sich mit ihrem Rhythmus hinzu, während die erste ihren Rhythmus weiterspielt, Gruppe 3 fügt ihren Rhythmus hinzu.

Verschiedene Gestaltungsformen:

Form 1

Instrumentalgruppe – Solisten – Sprechgruppe

Vorspiel: Instrumentalgruppe spielt den dreistimmigen Rhythmus

Vers: Jede Verszeile von einem anderen „Solisten" gesprochen, Rhythmusinstrumente begleiten einstimmig.

Vers: Sprechgruppe spricht den Vers mit Klanggesten ohne Instrumente.

Nachspiel: Wie Vorspiel, dazu die Klanggesten von der Sprechgruppe ausgeführt.

Form 2

Instrumentalgruppe – Sologruppe

Vorspiel: wie oben

Vers: Jede Verszeile von einem anderen Solisten melodisch improvisiert.

Nachspiel: wie Vorspiel.

Form 3

Tanz: Instrumentalgruppe – Tanzgruppe

Vorspiel: Instrumentalgruppe wie oben.
Dazu hüpfen alle anderen Kinder frei im Raum herum. Zum Schluß des Vorspiels steht jeder einem Partner gegenüber.

Vers: Tanzgruppe spricht mit Klanggestenbegleitung den Vers. Bei der letzten Verszeile klatschen die Kinder statt in die eigenen Hände in die des Partners.

Nachspiel: wie Vorspiel. Die Tanzgruppe sucht sich einen neuen Partner.

b) andere Reimformen

Beispiel 1

Rims, rams, rums
witzli, watzli, wums,
witzli, watzli, rabidoll,
rate, was das sein soll:

Es hat 4 Räder,	(einen Schnabel)
es hat ein Lenkrad,	(einen Schwanz
es hat zwei Lampen,	(2 rote Stelzfüße)
es hat zwei Blinker.	(Federn schwarz-weiß)
Witzli, watzli, rabidoll,	
rate, was das sein soll!	

(Nach volkstümlichen Beispielen von Unsinnsversen)

Beispiel 2

Wirrle, warrle, was ist das?
Hinterm Ofen krabbelt was.
Ist kein Fuchs, ist kein Has.
Wirrle, warrle, was ist das?

(Scherzreim aus Böhmen)

Dieser Vers regt die Kinder dazu an, durch Bewegungsimitation eines Tieres das Rätsel zu stellen und zu lösen. Um sich nicht nur auf Krabbeltiere festzulegen, kann das Verb in der zweiten Verszeile ausgetauscht werden, z. B. „Hinterm Ofen hoppelt was".

Literatur

Berzheim: Darstellendes Spiel im Kindergarten. Donauwörth: Auer
Enzensberger, Magnus: Allerleihrauh., Frankfurt: Suhrkamp
Abel-Struth, Sigrid: Musikalischer Beginn in Kindergarten und Vorschule. Kassel: Bärenreiter
Gelberg (Hrsg.): Die Stadt der Kinder. Recklinghausen: Bitter
Guggenmos: Was denkt die Maus am Donnerstag. Recklinghausen: Bitter
Keller, Wilhelm: Schallspiele Boppard: Fidula
Krensch-Jacob: Das Liedmobil. Ravensburg: Otto Maier
Künzel-Hansen: Musik mit Kindern. Stuttgart: Klett
Küntzel-Hansen: Musik mit Stimmen. Seelze: Velber

Tanzen mit Kindern

Allgemeines

Das kleine Kind hat ein spontanes Bedürfnis zu tanzen. Tanzen, d. h. zunächst, Bewegungsfolgen in rhythmischem Ablauf ausdrücken. Anlaß dazu ist allein die Stimmung des Kindes. Lust zu tanzen soll auch im Kindergarten der eigentliche Beweggrund zum Tanzen sein, nicht eine tänzerische *Schulung* zur Vorführung bei einer Feier.

Im spontanen Tanz übt das Kind seine Motorik, seine Balance, verfeinert seine Bewegung und den Bewegungsfluß. Sein Körpergefühl entfaltet sich auch in bezug auf den Raum, die Zeit, den Partner und die Gruppe.

Tanz und Musik lassen sich auf gleiche Wurzeln zurückführen. So wird das, was das Kind tänzerisch oder musikalisch erlebt, immer in beiden Ausdrucksarten sichtbar. Das Kind wird z. B. das musikalische Prinzip der Wiederholung auch in seinem Tanz zum Ausdruck bringen. Sein Tanz wiederum zeigt uns, was das Kind bei einer Musik wahrgenommen hat, z. B. Tempo oder den Rhythmus, der das Musikstück charakterisiert.

Elementarer Tanz ist immer zugleich Bewegungs- *und* Musikerziehung.

1. Tanzlied, Grundform des Kindertanzes

Im Kindergarten ist das Tanzen engstens mit dem Lied verbunden. Das Kinderlied besteht im ursprünglichen Sinn aus der Einheit Gesang – Sprache – Bewegung. Wenn wir vom Tanzen im Kindergarten sprechen, so ist die Grundform zunächst das getanzte Kinderlied, z. B. „Ringelreia“, „Wer will fleißige Handwerker sehn?“ oder „Dornröschen war ein schönes Kind“. Kennzeichen elementarer Tanzformen sind:

- Im gemeinsamen Kreis herumgehen. Eine Geste durchbricht die gleichmäßige Bewegung und charakterisiert das Tänzchen.
- Im Kreis versammelt sein. Am Platz führen alle gleichzeitig mimische Gesten aus, die von Strophe zu Strophe etwas anderes aussagen. („Fleißige Handwerker“)
  Gleichbleibende Tanzgesten umrahmen den „Erzählteil“ des Liedes. Diese Form entspricht einem Rondo.
- Eine Geschichte wird im gemeinsamen Kreis mit Rollenspielern bzw. Solotänzern mimisch getanzt. Der gemeinsame Rundtanz führt das Tanzspiel ein und beendet es. Die Form ähnelt einem Strophenlied. („Dornröschen“)

In dem Sammelband „Klare, klare Seide“ von Felix Hoerburger/Helmut Segler (Kassel 61) sind eine Auswahl überlieferter Kindertänze des deutschen Sprachraums zu finden.

Anneliese Gaß-Tutt hat manche alten Kindertänze überarbeitet und neue gesammelt. In diesem Sammelband „Tanzkarussell‘ weist sie in ihrem Vorwort auf die Möglichkeit sinnvoller Abänderung überlieferter Tanzlieder hin.

Praktisches Beispiel

„So tanzt die Schlange ihren Tanz“

Text: volkstümlich
Melodie: Berzheim

Spielverlauf

Die Kinder gehen gemeinsam im Kreis herum; ein Kind umkreist als „Schlange" die Gruppe. Bei der Frage: „So sage mir, . . ." bleibt die „Schlange" hinter einem Kreiskind stehen und springt bei dem Ruf „Hui!" in die Grätsche. Das angesungene Kreiskind schlupft durch die gegrätschten Beine und stellt sich als gefundenes „Schwanzende" hinter die „Schlange".

Methodisches

Dieses Kreisspiel gehört zu den Kindertänzen, bei denen sich der Kreis nach und nach auflöst und eine neue Reihe anwächst. Zwei verschiedene Tanzgruppierungen erfährt das Kind bei diesem Spiel: Das Gehen im Kreis und in der Reihe hintereinander. Bewegung und Ruhe des Tanzablaufs sind bei diesem Spiel identisch mit der musikalischen Form: Beim ersten Melodieteil A sind die Kinder in Bewegung, und beim zweiten Melodieteil B stehen sie. Diese Erfahrung hat einen Einfluß auf das musikalische Formbewußtsein in bezug auf den Aufbau einer einfachen Melodie.

Die Kreisspiele in den Kapiteln „Singen mit Kindern" und „Erstes Spiel mit Orff-Instrumenten" bieten ebenso Beispiele für das Thema „Tanzen mit Kindern" an.

2. Tanzen zu Schallplattenmusik

Der spontane Tanz wird beim Kind in starkem Maße durch Musik angeregt, die über Medien vermittelt wird. Nicht nur Tanzmusik motiviert das Kind zum Tanzen, auch manche konzertante Musik.

Beispiele

„Hopp, hopp, hopp" (CKa: 213, Stück 19)

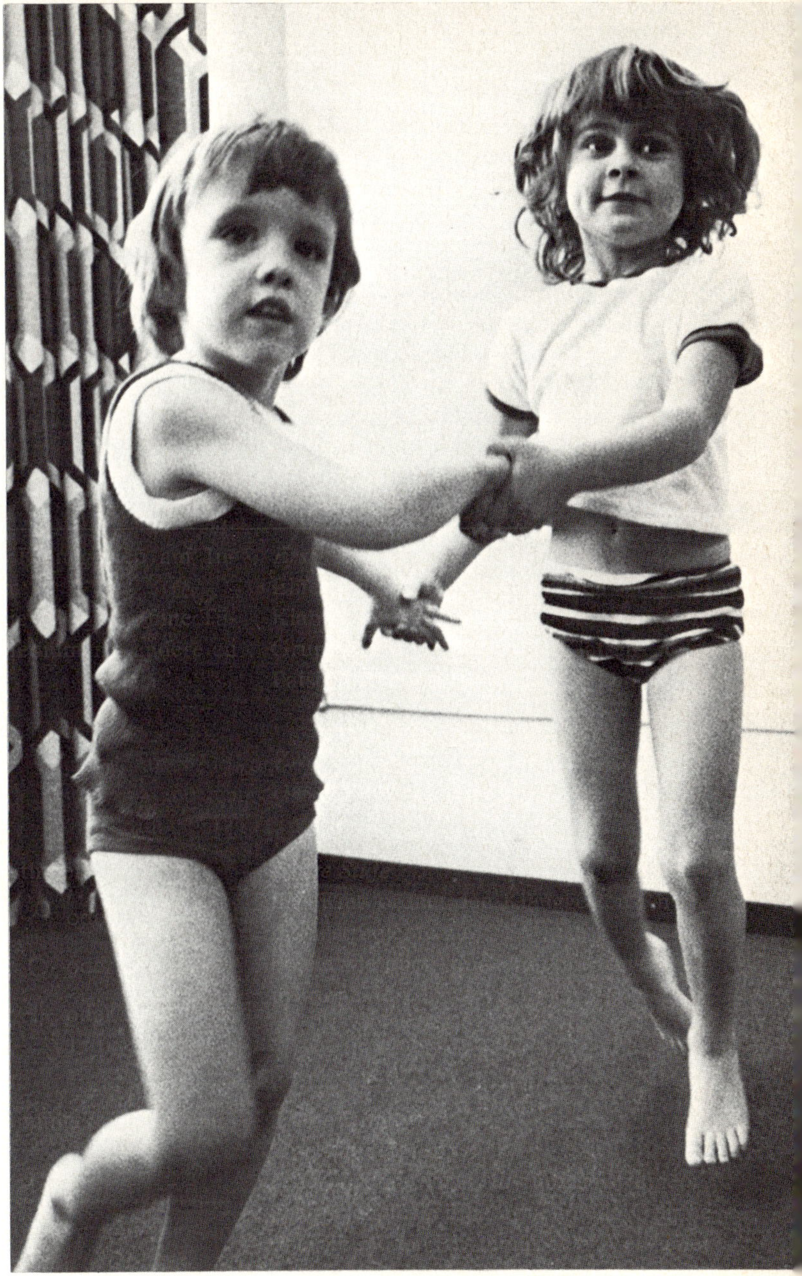

Methodisches

Mit dieser Musik assoziieren die Kinder zumeist trabende Pferde. Ursache dafür mag der Ruf sein: „Hopp, hopp, hopp“ oder auch die Instrumentierung. Diese Vorstellung löst ein aufrechtes, sog. hohes Laufen mit angezogenen Knien aus. Auch die Gestaltungsideen sind von dieser Vorstellung geprägt: „Im Stall“ ruhen sich die Pferde aus, zum Springen laufen sie auf die „Weide“. Sie springen über Hindernisse. Sie sind vor einen Wagen gespannt ...

- An dieser spontanen Gestaltungsfreude setzt die Erzieherin an. Sie nutzt diese Phase des ersten Hörens und spontanen Bewegens dazu, daß die Kinder sich in Schrittverbindungen, Raumwegen, Gruppierungen, Handfassungen üben. Die Kinder machen ihre Bewegungsideen einander vor und nach. Tanzbeschreibungen auf der Plattenhülle werden zunächst zurückgestellt.
- Diese Phase des Einbringens von Ideen nimmt bei Kindern eine geraume Zeit ein. Während der Wiederholungen prägt sich einerseits die Musik ein, andererseits vollzieht sich die erwünschte Differenzierung des Gestaltungs- und des Bewegungsausdrucks auch ohne besondere Einwirkung der Erzieherin. Sie sollte in erster Linie Beobachterin und Gesprächspartnerin sein, wenn die Kindergruppe Lösungsversuche bespricht. Diese Phase des oftmaligen bewußten Hörens auf die Musik kann die Erzieherin durch gezielte Fragen hinauszögern: „Was singen die Kinder? Welche Instrumente erkennt ihr?“ ...
- Ohne weiteres erkennen die Kinder die grobe Struktur von gesungener Melodie und Zwischenspiel. Die Kinder finden dafür ihre Worte, die die Erzieherin aufgreift und ggf. einfache Fachbegriffe einführt: Melodie (M) – Zwischenspiel (Z) oder gesungene Strophe – musizierte Strophe. Die Kinder kennzeichnen diese Struktur durch ihre Bewegung, z. B.
  - Z: Im Raum frei laufen („auf die Weide gehen“)
    M: Stehen und singen, mit den Instrumten sich begleiten („im Stall sich ausruhen“)
  - Z: Zu Paaren verteilen sich die Kinder im Raum. Ein Kind bleibt stehen und musiziert. Das andere „trabt“ frei herum, ist aber zum Schluß seines Musikabschnitts wieder bei seinem Partner
    M: und ruht sich aus, musiziert nur, während der andere Partner nun herumläuft. Auch er ist wieder zur Stelle, sobald er den Schluß seines Musikteils hört.
  - Z: Die Kinder bilden zu Paaren oder in kleinen Gruppen Pferd und Wagen. Als Pferdegespann laufen sie im Raum (oder auf der Kreislinie) herum.
    M: Der Wagen bleibt stehen, die Pferde traben herum (in der Kreismitte) und spannen sich vor einen anderen Wagen.
- Der Text dieses Liedes weist auf die Raumform, den Kreis, hin. Bei anderen Tänzen werden die Kinder auch andere Formen wählen, wie Halbkreise in Erinnerung an das Spiellied „So tanzt die Schlange ihren Tanz“ oder eine „Gasse“ in Anlehnung an das Tanzlied „Der Sandmann ist da“ (vgl. Klare Seide“ S. 86).

All diese Tanzformen haben vor allem folgende rhythmisch-musikalischen Ziele:

- Erkennen musikalischer Abschnitte
- Den Raumweg nach musikalischem Zeitablauf gliedern
- Erleben des Wiederholungsprinzips in der Musik; hier bes. der Wiederholung musikalischer Abschnitte.

Ähnliche Tänze gestalten die Kinder nach der Musik „Ponypferdchen“ (Fidula-Fon 1191) oder „Kindergartenmixer“ (FF 1196).

„Tänzchen“ (CKa: 213, Stück 14)

(-   -)   a tempo

(- -): Nur zu Beginn, nicht bei Wiederholung diese Töne dehnen
(𝄐): Nur nach der Wiederholung
*) : Auch freie Improvisation

Methodisches

Diese Tanzmusik ist durch zwei verschiedene Tempi charakterisiert, langsam und schnell. Nach dem spontanen Tanzen geben die Kinder bei dieser Musik zumeist ihre Gefühle wieder: „traurig, lustig; reich, arm" . . .
Bei der Frage: „Warum klingt der erste Teil der Musik traurig?" werden von Kindern die Begriffe langsam und schnell als Argument genannt, ebenso die Instrumente. Hier einige Formulierungen von Kindern. Zum ersten Teil: „Leise Glocken, altmodisches Klavier, Gitarre, Cembalo, klingen vornehm, so nach Geheimnis." Zum zweiten Teil: „Flöten, Trommel, klingen lustig, ulkig, zum Lachen."
Bei der Frage: „Welche Personen könnt ihr euch zu dieser Musik vorstellen?" kamen Antworten wie: „König mit Königin, feine Damen und arme Hirten, Kaspar, Clown, lustige Kinder". Auch Tiere wurden den musikalischen Abschnitten zugeordnet: Flamingos, Störche, Adler und bunte Vögel, Spatzen.
Diese Vorstellungen und Gefühle drückten die Kinder in ihren Tanzgesten, -schritten und in ihrer -haltung aus. Solche Bewegungselemente bildeten die Vielfalt der Tanzgestaltungen, z. B. Zwei Tanzgruppen: die einen als Königinnen und Könige, die anderen als Eulenspiegel. Alle sind Puppen, die erst bei ihrer Musik lebendig werden und tanzen.

„Tanz um einen Mittelpunkt" (CKa: 213, Stück 21)

alte Tanzweise
Vorspiel, ruhig — Arrangement: Berzheim

*) Improvisation!

Allgemeines

Feste wie Geburtstag, Erntedank, Lichter- und Weihnachtsfest haben einen Mittelpunkt, um den sich das Fest gestaltet: das gefeierte Kind, der Erntegabentisch, die Osterkerze, die Krippe. Das Umschreiten des Mittelpunktes in einer geordneten Reihe, mit gemeinsamen Gebärden ist eine rituale Handlung. Kinder sind für solche Formen des Feierns empfänglich. Sie selbst beziehen sie in ihr spontanes Rollenspiel mit ein.

Methodisches

Diese Musik strahlt die entsprechende Ruhe aus, die die Kinder in das Schreiten und die langsame Gebärde einstimmt.
Die Einstimmung in die Thematik geschieht in den Vorbereitungen und in der Sammlung auf die Festlichkeit.
Das Vertrautwerden mit der Musik und die Tanzentwicklung kann in Anlehnung an die methodischen Schritte verlaufen, die zum Tanz „Hopp, hopp, hopp" beschrieben sind.
Hier einige Tanzgestaltungen aus der Praxis:
Die Kinder stellten fest, daß die Melodie im ersten Teil der Musik von der Flöte gespielt wird und im zweiten Teil die Melodie „etwas anders" (als Variation) von der Gitarre.

- „Tanz um die Osterkerze"
  Jedes Kind trug ein Teelicht in einer Glasschale mit beiden Händen. Alle gingen hintereinander und bildeten um den Mittelpunkt einen Kreis.
  Zum Flötenteil wendeten sich alle zur Osterkerze. Ein Kind machte eine langsame Schwingbewegung mit seinem Licht vor, die anderen ahmten diese Geste nach.
  Zur Gitarrenmusik (2. Teil) schritten wieder alle hintereinander im Kreis.
- „Zug um eine Krippe"
  Die Kinder zogen zur Musik in einer Doppelreihe um den Krippentisch und stellten dort nacheinander ihre selbstangefertigten Figuren um die Krippe. Die Reihe teilte sich, so daß am Schluß ein großer Kinderkreis die Krippengruppe umringte. Bei diesem Tanz spielte die Gliederung der Musik weiter keine Rolle.

3. Tanz zu Themen und mit Requisiten

Allgemeines

Eine bestimmte Gruppe von Tänzen bietet den Kindern in besonderer Weise Hilfen, Ängste auszudrücken, zu verstehen und abzubauen. Gemeint sind damit Tänze, die das Kind motivieren, verschiedene Figuren emotionsstark zu imitieren: Das ängstliche Häschen oder der angreifende Fuchs, die traurige eingeschlossene Prinzessin oder der befreiende Prinz, Zauberer, Hexen . . . Mit diesen und ähnlichen Figuren, die für die Gefühlszustände stehen, identifiziert sich das Kind, und es kann sich über diese Phantasiegestalten und Symbole ausdrücken.
Im szenischen Tanz werden Gestik und Mimik durch die Wiederholung zu einem wesentlichen Tanzelement. In Verbindung mit dynamischen Variationen ermöglicht sie dem Kind, Emotionen verstärkt auszuleben.
Nicht nur Figuren, sondern auch Raumformen innerhalb von Tänzen haben eine spezifische Aussagekraft. Dieses wird an überlieferten Kindertänzen, wie dem Lied: „Dornröschen war ein schönes Kind" deutlich: So kann der Kreis die Funktion des bergenden Schoßes haben, wo keine Gefahr eindringen kann, oder er kann ein Zauberband sein, das zerrissen werden muß.
Wenn es der Erzieherin gelingt, ein wenig in diese Symbolsprache einzudringen, dann kann sie die Kinder zu vielfältigen Formen anregen und ihnen in neuen Gestaltungen einen schöpferischen Erlebnis- und Lernbereich schaffen.

Themen, die die Kinder von der Vorstellung her zu tänzerischen Bewegungsimitationen motivieren:

- „Herbstblätter im Wind"
- „Wolken – Wolkenballung – Gewitter – Regen"
- Mit Tüchern und Masken sich verkleiden

Der Anspruch der Erzieherin an eine Tanzform muß dem Kind dieser Altersstufe entsprechen. Sie geht von den spontanen motorischen Äußerungen der Kinder aus und beachtet auch dabei Mimik, Gestik, Raum- und Zeitgliederung.

Beispiele: „Blätter im Wind"

Ist das Thema „Blätter im Wind" angeklungen durch ein Winderlebnis beim herbstlichen Spaziergang, so ist zumindest eine

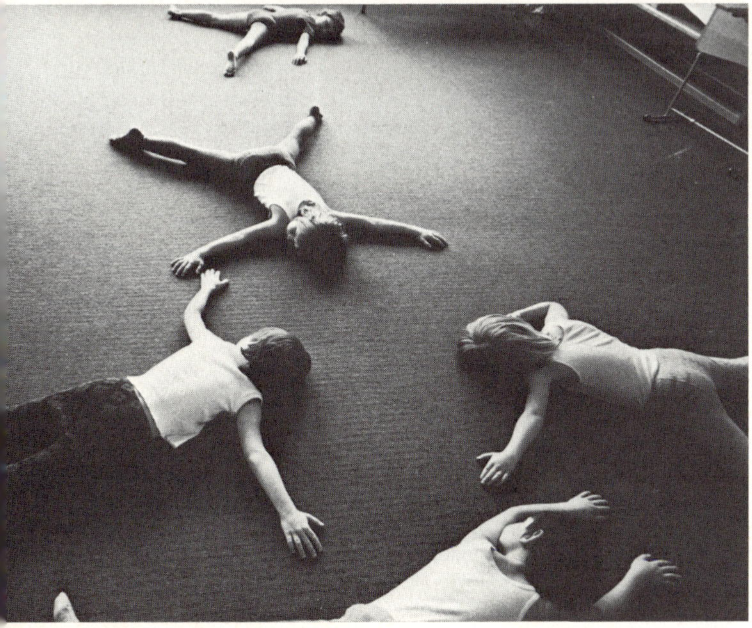

Gruppe von Kindern dazu motiviert, die sich drehenden und schaukelnden Blätter beim Abfallen vom Baum oder das Aufwirbeln schon am Boden liegender Blätter bewegungsmäßig nachzuahmen.
Stufen innerhalb der Tanzgestaltung, wie sie in verschiedenen Kindergruppen von Vierjährigen bis Siebenjährigen beobachtet werden konnten:

1. Phase

- Stühle, Tische, Kisten, Erhöhungen, wie sie sich auch immer anbieten, dienen als Baum.
- Sprünge in verschiedenen Formen: mit Drehung, Armgesten, . . .
- Sich-fallenlassen
- Zusammengekauert oder ganz flach am Boden liegen
- Am Boden rollen – wieder flach liegen
- Sich wieder aufrichten – torkelndes Laufen, dabei sich drehen – immer wieder hinfallen.

Die Kinder haben sich mit dieser Reihenfolge der Bewegungsimprovisationen bereits auf eine „Tanzgeschichte" festgelegt. In dieser Spielphase übt sich das Kind in elementaren Tanzbewegungen. Noch beschränkt sich der spontane Ausdruck auf die eigene Person. Das Kind will *ein* bestimmtes Blatt sein.

2. Phase

Wenn es dagegen darum geht, einen Blätterhaufen darzustellen, dann braucht das Kind zur Verwirklichung seiner Spielidee die anderen Kinder. Es werden Rollen verteilt. Dabei tauchen Fragen aus der Gruppe auf, wie das Spiel verlaufen soll. Ideen werden dabei eingebracht.
In der zweiten Phase beginnt durch das gemeinsame Planen die Gestaltung des Tanzes „Blätter im Wind". Die Musik versucht den Wind und das Rascheln der Blätter auszudrücken durch vokale oder instrumentale Improvisation. Die Erzieherin berät, sie muß aber auch erkennen, wann sie helfend und weiterführend eingreifen muß, damit ein Gestaltungsansatz nicht vorzeitig erlahmt.
Dem beschriebenen Tanzablauf kann man folgende Struktur zugrunde legen: Aus der Entspannung in zunehmende Bewegung und wieder zurück in die Entspannung kommen. Der Ablauf kann verschieden lange Phasen haben. Sie werden durch die Instrumentalgruppe bestimmt. Ausdruckselemente sind Mimik, Gestik und Bewegung wie Taumeln, Laufen, Drehen, Fallen, Rollen.

„Maskentanz"

Motivation:	Angebot von Tüchern – große Hände und Füße aus Schaumstoff* – auf das Gesicht gemalte Masken (die Kinder malen sich selbst an)
Anlaß:	Faschingszeit – die Bücher „Die kleine Hexe", „Der kleine Wassermann" von Ottfried Preußler**

Diese Verkleidungen motivieren die Kinder zu ganz bestimmten Bewegungskontrasten:
Die vergrößerten Füße verursachen einen breitbeinigen, tolpatschig stampfenden Gang. Die vergrößerten Hände motivieren das Kind zu ausladenden, greifenden Armbewegungen. Es wird sich dadurch größer, stärker, überlegener und mächtiger fühlen. Assoziationen zu Riese, Roboter, Supermann, großes Tier sind naheliegend. Angriff, Kampf werden die nächstliegendsten Spielthemen sein.
Durch Tücher werden bei Kindern verschiedenartigere Assoziationen hervorgerufen: feine Dame, König, Gespenst, Abendkleid, Hochzeit, Zelt, Haus, Höhle. Die dominierenden Bewegungen im Spiel mit Tüchern sind Laufen und Springen, damit das Tuch flattert. Zu feierlichen Kleidern umfunktioniert, regen die Tücher zu gemessenem, schwingendem, wippendem Gehen an.
Je nachdem wie stark das Spielbedürfnis ist, nimmt die erste Phase der Auseinandersetzung mit dem Material viel oder wenig Zeit in Anspruch. Diesem Bedürfnis nach spontanen Ein- und Ausdrücken muß genügend Raum gegeben werden. Die Erzieherin beobachtet und gewinnt durch die Vielfalt der Bewegungen Anregungen für die Gestaltung des Tanzes.

---

* Herstellen der Schaumstoffhände und -füße: 1–1½ cm starker Schaumstoff in beliebiger Farbe. 6- oder 3fingrige Hände, mindestens fünfmal größer als eine Kinderhand. Rundes Gummiband an der Innenseite der Schaumstoffhand zum Hineinschlüpfen der Finger. Ähnliche Anfertigung für die Füße. Einkaufstüten erfüllen den gleichen Zweck.

** Thienemanns-Verlag Stuttgart

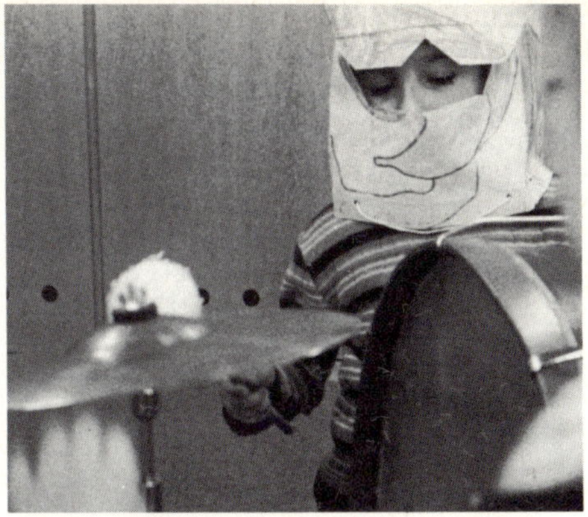

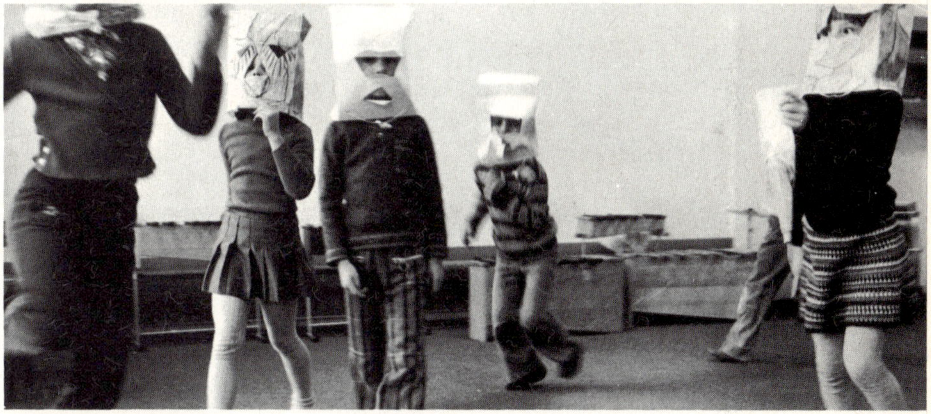

„Wind- und Erdgestalten", Tanz mit Tüchern

Endphase einer Tanzgestaltung

Tanzgeschichte	Bewegung	Musik
Wind und Erdgestalten ruhen.	Alle Tänzer kauern, hocken oder liegen auf dem Boden.	Vereinzelt gezupfte Saitenklänge
	Teil A:	
Langsam werden die Windgestalten wach und beginnen ihr Windspiel.	(Gruppe Y noch regungslos: Erdgestalten) Gruppe X in Bewegung (Windgestalten)	
	Müdes, langsames Regen in der Gruppe X und allmählich zum Laufen kommen.	Zimbelklänge hinzufügen
	Die Tücher flattern lassen und mit ihnen im weiteren Tanzverlauf die Dynamik unterstreichen.	Schleiftöne unregelmäßig einstreuen mit Zug- oder Panflöten.
	Eindruck: Ruhe, Leichtigkeit.	Klangstärke: weder aufdringlich noch verhalten Dauer: nach Ermessen
	Übergang zu Teil B: X neckt Y mit den Tüchern.	Es kommen Peitschengeräusche und Schellenklänge hinzu.
Die Windgestalten necken die Erdgestalten, die aber keinen Spaß verstehen. Sie springen auf und jagen hinter den Windgestalten her, die sich plötzlich totstellen und liegen bleiben.	Y kommen in Bewegung „Fangenspiel" X kauern auf dem Ausgangsplatz	
	Teil B:	
Vor Freude tollen die Erdgestalten herum.	Kraftvolle Sprünge von Y in grotesker Haltung frei im Raum, dann über und um die Kauernden.	Klangstärke nimmt zu, wird intensiver, unruhiger. Spontane Laute hineinrufen
	Eindruck: Unruhe, Erregung	
Die Erdgestalten bannen die Windgestalten durch einen gemeinsamen Beschwörungstanz.	Verzauberungstanz: Sich steigernde Sprünge zur Dynamik der Musik zum Mittelpunkt des Raumes hin. Dann Stampfen im Kreis mit Verzauberungsgesten.	Wirbelartiges Spiel auf Becken, Trommel, mit Rassel, Ratsche, Stabkastagnette. Kuhglocken (auch Blechtöpfe) kommen hinzu und spielen mit den oben genannten Instrumenten in freien, aber metrisch gebundenen Rhythmen, z. B. (siehe nächste Seite)

Tanzgeschichte	Bewegung	Musik
		verschiedene Kuhglocken: Hölzer: alle anderen: 
		oder andere Rhythmen von den Kindern. Die Trommel übernimmt den Grundschlag. Dazu können Laute gerufen werden, die in Töne übergehen.
	Eindruck: urwüchsig, geschmeidig, gelöst, nicht plump und steif.	Klangcharakter: triumphierend, anfeuernd, aber nicht laut, angenehm heiter.
Dann verbreiten sich die Erdgestalten wieder über die ganze Erde,	Der Kreis löst sich auf, die Bewegungen werden kleiner, werden torkelnd.	Plötzlich durcheinanderspielen, der Rhythmus zerfällt, je torkelnder die Bewegungen werden. Die Klangstärke
bis ihre Kraft weniger und weniger wird und sie wieder zu Erde werden.	Mit dem Aussetzen der Instrumente fallen die Y hin.	wird schwächer, ein Instrument nach dem anderen setzt aus.
	Teil A:	
Damit ist der Bann über die Windgestalten wieder gebrochen.	X springen auf und laufen frei mit leichten Sprüngen im Raum herum (Tücher immer schwingend)	Lauter gemeinsamer Einsatz der Schellen im Laufrhythmus und vereinzelte Pfeiftöne wie beim ersten Teil A.
Sie verbinden sich zu einer einzigen Windwolke, die über das Land zieht.	Im Lauf eine Kette bilden. Die Erste der Gruppe X läuft Raumwege vor Mögliche Raumwege: 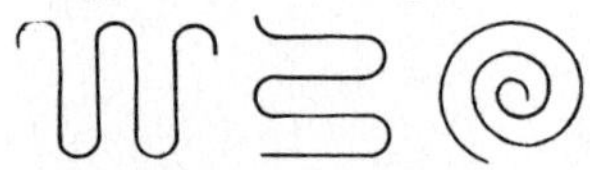	Saitenklänge einstreuen.
In einem Wirbelsturm lassen sie ihre letzte Kraft aus.	In den Bewegungen und den Raumformen soll die Steigerung sichtbar werden.	Um die Steigerung auszudrücken harte, spitze Saitenklänge. Nach einem harten Peitschenschlag die Musik abbrechen – – Pause –
Die Windgestalten stieben alle auseinander und sinken zu den Erdgestalten hinab.	Wieder frei auseinanderlaufen und nacheinander hinkauern.	Wieder Schellenklänge und weiche Saitenklänge, immer schwächer werden – bis Stille.

Es versteht sich, daß dieser beschriebene Tanz ein exemplarisches Beispiel darstellt. Eine Erzieherin, der der Umgang mit den Medien Musik und Tanz etwas Vertrautes ist, die in diesem Bereich zu organisieren versteht, kann die Kindergruppen so fördern, daß sich ein ähnlicher Tanz als Endergebnis heraushebt.

Fragen wir uns in bezug auf den beschriebenen Tanz,

a) welche Ziele im Musikhören und im Umgang mit den Instrumenten und der Musiziergruppe bereits erreicht sein müßten:
   - Klangcharakteristiken zuordnen zu Bewegungen und Stimmungen
   - differenziertes Erzeugen der Klänge
   - Zusammenspiel, d. h. abwarten können, aber auch die Entscheidung zum Einsatz finden
   - Gestalten von Dynamik
b) welche Ziele der Bewegungserziehung erreicht sein müßten:
   - Bereitschaft zu spontanem Bewegungsausdruck
   - Bewegungscharakteristiken zuordnen zu Klängen und Stimmungen
   - Zusammenspiel, d. h. abwarten können, aber auch die Entscheidung zum Einsatz finden
   - Gestalten von Dynamik

Durch die Gegenüberstellung dieser Ziele wird die Tatsache unterstrichen, daß dem Tanz und der Musik gleiche Grundelemente zu eigen sind.
Haben die Kinder eine genaue Vorstellung von dem, was sie zu gestalten beabsichtigen, so wird der Bewegungsablauf immer richtig sein, denn sie werden eine Drehung oder einen Sprung immer nur nach dem eigenen Vermögen, aus ihrer Intensität der Vorstellungskraft und der Spannung des Gestaltungsprozesses heraus ausführen. Der Gestaltungsbeitrag der Erzieherin ist das Ordnen der Ideen der Kinder. Sie geht ganz und gar auf die Gestaltungsfähigkeit der Kinder ein, so daß die Kinder aus Freude am Tanz nach der Wiederholung drängen. Aus solcher Lust am Spielen mit den Körperkräften verfeinert das Kind mehr und mehr seine Bewegungsausführungen, das Zusammenspiel, und das Aufeinander-Bezogensein.

„Tanzgestaltungen mit der Plastikplane“

Die Plastikplane bietet zunächst das gemeinsame Spiel in der Gruppe an. Im Freien stellt sie einen solchen Spielanreiz dar, daß selbst Kinder mit Kontaktschwierigkeiten in die gemeinsame Spielsituation einsteigen und sich mitreißen lassen. Über den Umgang mit Plastikplanen und den möglichen Unfällen, wenn man bestimmte Spielregeln nicht einhält, wird die Erzieherin zuvor mit den Kindern sprechen. Sie beobachtet auch ihr Spiel.
Für die Lern- und Gestaltungsphase aber soll die Gruppe höchstens 6 bis 8 Kinder umfassen. Ein Kind ist in einer zu großen Gruppe überfordert, wenn es zu lange warten muß, bis es seine Idee äußern kann. Frustration tritt ein, was gleichbedeutend ist mit Kommunikations- und Kreativitätshemmung.
Diese Spieleinheit „Plastikplane“ ist in verschiedenen Kindergruppen durchgeführt worden. Die Gestaltungsphasen verliefen gleich. Das Lernergebnis war unterschiedlich. So ergab sich z. B. aus dem Spiel als Lernprodukt das Vergleichen von Tonkurven und das Erfahren von „hoch“ und „tief“ in der Musik. Durch die Videoaufzeichnung konnten die Kinder ihre gemeinsamen spontanen Reaktionen verfolgen, als sie versuchten, mit der Plane eine hohe Wölbung zu gestalten. Sie sangen nämlich wiederholte Male beim Herabziehen der Plane eine Tonkurve von Hoch nach Tief. Es ist Aufgabe der Erzieherin, Lernsituationen zu erkennen und sie dann für das Kind auszuwerten.

Protokoll

Gestaltungsphasen (was tut das Kind?)	**Lerninhalte** (was erlebt und lernt das Kind?)	**Methodische Hilfen und Motivationen** (wie verhält sich die Erzieherin?)
1. Phase: *Experimentierphase*	*Experimentiererlebnis:*	Die Erzieherin erweitert den Erlebnisbereich „Wind", indem sie den Kindern die Möglichkeit verschafft, mit einer Plane im Wind zu spielen. Sie sollte in dieser Phase im Hintergrund bleiben, aber auch bereit sein, sich von den Kindern in das Spiel einbeziehen zu lassen.
Auf einer Wiese spielen die Kinder mit einer Plastikplane im Wind. Sie halten sich am Rande der Plastikplane fest, lassen sich vom Wind treiben. Rufe dazu wie: Segel, Wellengang, Orkan auf dem Oezan, Olympiazeltdach. Dabei laufen die Kinder mit und gegen den Wind und weichen seitlich aus. Malen des Erlebten.	Der Wind und seine Wirkung. Kraft gegen den Wind einsetzen. Die Kraft des Windes ausnutzen, sich treiben lassen. Die Möglichkeiten, Wind und Plane für ein Spiel auszunutzen.	
	Erlebtes bildnerisch gestalten.	Wichtig ist, mit welcher Formulierung die Erzieherin den Impuls gibt, das Erlebte ins Bild umzusetzen: „Die Plastikplane im Wind" u. ä.
2. Phase: *Gestaltungsphase* *Die Kinder spielen mit der Plastikplane im Raum*	*Gestaltungserlebnis:*	Die Erzieherin überläßt die Kindergruppe sich selbst, beobachtet und hilft den Kindern, ihre Ideen zu verwirklichen. Zur Weiterführung dieser Spieleinheit sollten Tonband oder Videogeräte eingesetzt werden.
Die ausgebreitete Plastikplane wird von den Kindern durch langsames und schnelles Schütteln bewegt. Die Kinder laufen mit der Plastikplane durch den Raum.	Die Kinder erleben das gleiche Objekt in veränderter Umgebung. Der Wind als Experimentier- und Gestaltungselement fehlt. Sie selbst müssen die Plastikplane in Bewegung setzen, ihre Einfälle den anderen mitteilen und in gemeinsame Aktion umsetzen.	
Äußerungen der Kinder zu diesem gemeinsamen Tun: „Wir machen starken und schwachen Wind", „Wir machen große und kleine Wellen", „Ich bin ein Fisch, ich schwimme", „Der Taucher taucht nach Fischen", „Ich springe in die Wellen" Sprungtuch, Haus/Dach/Zelt eine große Glocke, die man herunterziehen kann.	Die Kinder erleben, wie eine Idee die andere ablöst und immer wieder gemeinsames Tun entsteht. *Die Bewegungsphantasie wird angeregt.* Mitgerissen vom Spiel führt das Kind oft schwierigste Bewegungsfolgen aus, z. B. Fallen, Strecksprünge mit anschließender geschmeidiger Rolle, Variationen des Kriechens, und es steigert seinc Bewegungsfertigkeit.	
Gemeinsam eine Geschichte entwickeln und darstellen. Eine Rolle übernehmen, in Interaktion treten mit den Rollenpartnern.	Gedanken verbalisieren. Gedanken ordnen und in einen chronologischen Ablauf bringen.	Die Erzieherin übernimmt beratende und helfende Funktion.

Gestaltungsphasen (was tut das Kind?)	**Lerninhalte** (was erlebt und lernt das Kind?)	**Methodische Hilfen und Motivationen** (wie verhält sich die Erzieherin?)
Erarbeiten von Grundelementen der Dynamik		
Das Kind verfolgt die Tonbandaufnahme und ordnet das Gehörte den erlebten Spielabläufen zu.	Sensibilisierung des Hörsinnes Laut/leise, lauter werden/leiser werden Erkennen von Zusammenhängen: Starker Bewegungsimpuls = laut Geringer Bewegungsimpuls = leise Stärker werdende Bewegung = lauter werden Schwächer werdende Bewegung = leiser werden	In dieser Phase lenkt die Erzieherin den weiteren Verlauf. Sie hilft den Kindern, Zusammenhänge zu sehen, Folgerungen zu ziehen und musikalische Erfahrungen zu sammeln.
Anwendung der erworbenen Erkenntnisse: In kleinen Gruppen gestalten die Kinder mit den musikalischen Elementen, die sie kennengelernt haben. Die Plastikplane wird bewegt nach Signalen, die aus der Gruppe kommen: „Laut/Leise, lauter werden/leiser werden.“	Einfühlen in dynamische Bewegungsabläufe und schneller Wechsel von Führungs- und Anpassungsrolle.	
Dann werden neue Signale gesucht: *Instrumente* Die Kinder organisieren ein „Orchester“ mit kleinem Schlagwerk und Geräuschinstrumenten, und einige begleiten die Bewegungsgruppe mit dynamisch differenziertem Spiel auf den Instrumenten.	Kommunikation innerhalb einer Gruppe und von Gruppe zu Gruppe.	Geräusch- und Klangerfahrungen sind in anderen Situationen bereits erworben und die Möglichkeiten des differenzierten Einsatzes von Instrumenten vertraut.

Gestaltungsschritte für Tänze

1. Instrumentalgruppe führt:
Ein Kind begleitet allein mit verschiedenen Schlagwerkinstrumenten. Die Instrumente werden nach *Klangfarben* geordnet, z. B. zwei bis drei Kinder übernehmen die Begleitung mit je einer Instrumentengruppe:
Eine Instrumentengruppe stellt die Übergänge dar mit Becken – Zimbeln – Triangeln
Eine Instrumentengruppe übernimmt die lauten Abschnitte mit Fellinstrumenten.
2. Die Tanzgruppe setzt die dynamischen Impulse und die Instrumentalgruppen passen sich an.
3. Häufig entsteht eine Atmosphäre, in der beide Gruppen den dynamischen Wechsel gemeinsam gestalten und nicht mehr zu erkennen ist, welche Gruppe den Impuls gibt.
Eine andere Instrumentalgruppe übernimmt die leisen Abschnitte mit Hölzern und Rasseln.
Ein Kind übernimmt als Dirigent die gesamte Leitung der Instrumentalgruppe.

Der erste Teil der Musik der Popgruppe Emerson-Lake & Palmer „Tarkus“ eignet sich durch seine langsam ansteigende Dynamik sehr gut für Tanzgestaltungen mit großen Plastikplanen.

4. Tänzerische Sensibilisierungs- und Reaktionsspiele

Allgemeines

Folgende Spiele dienen der Einstimmung des Körpers auf seine Präsenz. Es mag verwundern, daß auch mehr und mehr Kinder solcher Einstimmung bedürfen. Ein Grund dafür ist sicher darin zu sehen, daß Kinder oft, familiären Umständen entsprechend, zu früh aufstehen müssen, d. h. ihren Schlaf nicht auf natürliche Weise beenden können. Tänzerische Sensibilisierungs- und Reaktionsspiele können den Körper auf seine Balance einstimmen, was zugleich eine positive Wirkung auf das seelische Gleichgewicht hat.

Methodisches

Die Erzieherin versucht, die Bedürftigkeit des Kindes einzustufen und wählt entsprechende Spielformen aus. Sind die Spiele den Kindern allmählich vertraut, so stellen sie selbst ihr „Programm" zusammen, das sie auch allein durchführen können. Beobachtungen lassen den Schluß zu, daß Kinder, entsprechend ihrem Bedürfnis, die für den Augenblick „richtigen" Spiele wählen.
„Einstimmungszeit", das Finden zu sich selbst, ist morgens, nach dem Mittagsschlaf oder nach einer angespannten Situation.
Die Reihenfolge der beschriebenen Beispiele hat für ein individuelles Programm keine Bedeutung. Die Erzieherin muß sich derart sensibilisieren, daß sie die Wirkung der Spiele erkennt und aufeinander abstimmt. Es ist in der einen Situation durchaus richtig, die Kinder zunächst rasch herumlaufen zu lassen. Im Liegen normalisiert sich das Atemtempo. Die Kinder können dem eigenen Pulsschlag nachhorchen und das Aus- und Einströmen des Atems bewußt spüren. Gleichzeitig konzentrieren sie sich auf sich und ihren Körper. Sie sind „bei sich".
Ein anderes Mal scheint es angebracht zu sein, daß alle Kinder zunächst die Augen schließen und lauschen, was von draußen an Geräuschen hereindringt, was im Raum zu hören ist, was in einem selbst spürbar wird, u. ä.

Den Raum, die Zeit, den Partner, die Gruppe erfahren

– Eine Bewegungsgeschichte erzählen, durch die die Kinder angeregt werden, sich *langsam* oder *schnell* durch den Raum zu bewegen, ohne einander anzustoßen.
Z. B. „Du sollst zur Oma gehen, die mitten in der Stadt wohnt. Du hast viel Zeit. Du schaust dir die Auslagen der Spielwarengeschäfte an. Du paßt gut auf im Straßenverkehr beim Überqueren einer Fahrbahn."
– Die *Blicke tanzen* durch den Raum
Die Kinder sitzen auf dem Fußboden. Eine ruhige Musik erklingt. (mit Klängen improvisieren oder Schallplattenmusik, z. B. „Mike Oldfield", „Pink Floyd").
Impulse: „Deine Blicke suchen sich Linien, auf denen sie balancieren, z. B. schnell, langsam, auch Sprünge wagen. Sie können über die Zimmerdecke und die Wände tanzen," usw.
– *Blind* sich im Raum bewegen
Zu Paaren
Impuls: „Dein Freund ist blind. Du sorgst für ihn, daß er nirgendwo anstößt. Du führst ihn zu einem Gegenstand (oder zu zwei oder drei Gegenständen), läßt ihn diesen ertasten, führst ihn an einen Ruheplatz und läßt dir erzählen, was er mit den Händen „gesehen" hat. Vielleicht weiß er auch noch den Weg, den ihr gemeinsam gegangen seid."
Einzeln – zur Gruppe finden
Impuls: „Die Biene Maja fliegt mit all ihren Freunden zu einer fernen Blumenwiese. Sie freuen sich, fliegen und summen herum. Da bricht ganz plötzlich die Nacht herein (Beckenschlag, Augen schließen). Summend suchen sie ihren Bienenkorb. Sie stoßen auf etwas (ein Kind), das nicht summt. Der „Bienenkorb"! Sie suchen den Eingang, schlupfen durch das Tor und warten still auf die anderen Bienen."

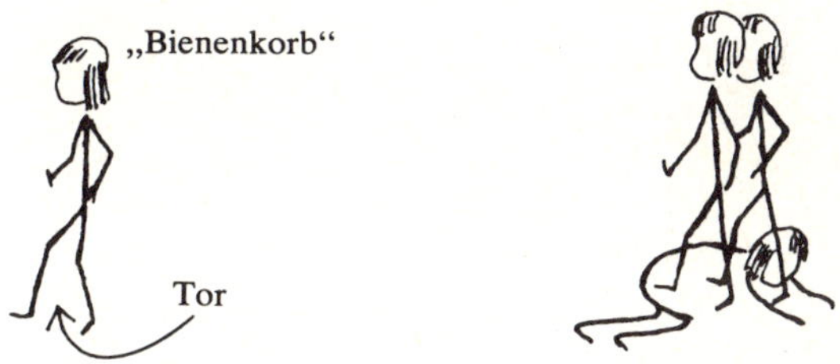

– Die Kinder bilden etwa zu fünft kleine „Schlangen". Der „Kopf" führt (seine Gruppe) z. B. im Zickzack, in Bögen u. ä. durch den Raum. Die „Schlange häutet sich" (Zeichen durch Rasseln). Alle purzeln durcheinander, die neue „Schlange" erhebt sich mit einem anderen „Kopf" (das Rasseln ist been det). Der „alte Kopf" befindet sich am „Schwanzende".

Dieses Spiel kann von einer Bewegungsmusik begleitet werden, z. B. CKa: 213, Musik Nr. 5 oder „Tabula Bells“.

– Die Kinder hüpfen oder laufen frei im Raum zur Bewegungsmusik herum. Wenn das Gehmotiv erklingt, finden sie einen Freund, mit dem sie zusammen eine kurze Zeit wandern, sich dann beim neuen Bewegungsmotiv wieder verabschieden. Durch Impulse können die Kinder die Bewegungsausführung dieses Musikabschnitts variieren, z. B.
  - verschiedene Handfassungen zurufen (sich einhängen; Arme über die Schultern legen; mit der Nasenspitze führen; usw.)
  - Verschiedene Gruppierungen zurufen (zu dritt hintereinander, zu viert im Kreis gehen usw.)

Viele dieser Spiele sind in Variationsformen bekannt und sind Abwandlungen mancher Gesellschaftsspiele. Weitere Beispiele sind in dem Arbeitsheft Nr. 7 beschrieben, R. Holzheuer: Praxishilfen, 1 Sensibilisierung“; Donauwörth, 1980

Literatur + Medien

Hoerburger F./Segler: Klare, klare Seide, Kindertänze; Kassel 61
Gaß-Tutt, Anneliese: Tanzkarussell Boppard: Fidula
Haselbach, Barbara: Tanzen mit Kindern. Stuttgart: Klett
Keetmann, Gunhild: Elementaria. Stuttgart: Klett
Schallplatten; Fidulafon – Schallplattenreihe aus dem Fidula-Verlag
Folklore-Tanzplatten, Stuttgart-Möhringen: Kögler
Volklore und Kindertänze aus dem Lilienthal-Bremen: Eres-Verlag
Musica Poetica; Harmonia Mundi (Plattenfirma)
Klangspiele mit Orff-Instrumenten; CKa: 215
„Hört, singt, spielt, tanzt mit uns“; CKa: 213
Rhythmikmaterial; Firma Staneker „Spielzeuggarten“, Reutlingen-Georgenburg
Rhythmikwagen; Firma Wehrfritz, Rodach/Coburg
Spielelemente „Gigantos“; Firma Wehrfritz

Vom Rollenspiel zum Hörspiel

Die Einheit „vom Rollenspiel zum Hörspiel“ stellt dar, wie eine spontane Spielsituation in der Kindergruppe für Musiklernen (hier: Spiel mit Klängen und Geräuschen) genutzt werden kann. Das Beispiel selbst läßt sich wegen seiner spezifischen Thematik nicht direkt auf andere Kindergruppen übertragen. Die Erzieherin sollte anhand des Protokolls vielmehr angeregt werden, nach ähnlichen Situationen Ausschau zu halten, in denen sich „musikalisches Spielen“ entfalten kann.

Protokoll einer Spielsituation	**Pädagogische Reflexionen/ methodische Hilfen**
Eine Gruppe 5- bis 6jähriger Kinder baut sich aus Hockern, Stäben, Reifen, Matten und Tüchern eine Burg. Sie hat verschiedene Räume: Ein Verlies, ein großes Tor, einen Turm. Die Kinder legen fest, daß die Burg eine Gespensterburg darstellt, in der alle gemeinsam als Gespenster leben. Während des Bauens entsteht bereits die Grundidee für ein Rollenspiel, das im folgenden nur im groben Ablauf skizziert werden soll.	Die Kinder übernehmen die Organisation des Spiels und die Einteilung der Rollen selbst. Die Erzieherin hat lediglich beratende und helfende Funktion. Das Tonband zeichnet den Spielablauf auf.
1. Spielablauf Gespensterschloß mitten im Wald – rundherum Stille – ein Wanderer klopft ans Tor – das Tor öffnet sich – der Wanderer tritt ein, legt sich in ein Bett und schläft ein – die Turmuhr schlägt 12 – die Gespenster beginnen zu geistern – der Wanderer wacht entsetzt auf – er will fliehen – die Gespenster halten ihn fest – der Wanderer reißt sich los und kann entkommen.	
2. Spielablauf Die Grundidee bleibt erhalten. Einige Kinder bringen Vorschläge zur Änderung und Erweiterung des Spiels. a) Alle Gespenster haben Phantasienamen. b) Der Wächter entdeckt den fliehenden Wanderer und schlägt Alarm. c) Der Wanderer wird eingeholt und gefangen genommen.	Das Tonband zeichnet den Spielablauf auf.
d) Dialog zwischen Gespenstern und Wanderer. Die Gespenster wollen den Wanderer zu ihrem Diener machen. Er versteht ihre „Gespenstersprache“ nicht; deshalb müssen sie ihm alles vormachen, was er für sie tun soll	Solche Spielvorschläge bringen nur Gruppen, denen der spielerische Umgang mit Geräuschen der Stimme, Sprachlauten und Sprachelementen nicht mehr neu ist.
Die Kinder hören sich nach dem Spiel die Tonbandaufnahme an. Dabei ordnen viele von ihnen die Geräusche, die	

Protokoll einer Spielsituation	Pädagogische Reflexionen/ methodische Hilfen
sie hören, den erinnerten Handlungsabläufen zu: Zum Beispiel: „Jetzt klopft er ans Tor.“ „Der Wanderer flieht gerade.“ „Das bin ich, ich heule wie ein Gespenst.“ Beim zweiten Hören finden einige Kinder heraus, daß an manchen Stellen des Hörspiels nur schwer zu erkennen ist, was gerade vor sich geht. Daraus entsteht der Wunsch, eine neue Aufnahme zu machen und zu versuchen, die Klangbeispiele klarer und differenzierter zu gestalten und das gestische Geschehen von einem Erzähler beschreiben zu lassen.	
	Die Rolle des Erzählers ist den Kindern von anderen Situationen her vertraut (z. B. Rollenspiel). Er hat die Aufgabe, den Handlungsablauf zu beschreiben und das Geschehen in Fluß zu halten. Darüber hinaus muß er in der Lage sein, spontane Improvisationen während des Spiels aufzugreifen und in den weiteren Verlauf der Geschichte einzubauen. Kinder dieser Altersstufe sind nur in Ausnahmen dieser Aufgabe gewachsen; daher sollte die Erzieherin diese Rolle zunächst übernehmen.

Protokoll einer Spielsituation	Pädagogische Reflexionen/ methodische Hilfen
Hier setzt die bewußte musikalische Arbeit ein. *Vorbereitungen* – die Klangaufgaben werden benannt: Wald, Wind – Schritte des Wanderers – quietschendes Tor – „Gespenstermusik“ – Fluchtgeräusche – Signale des Wächters – Gespenstersprache.	In der Schule bieten diese Situationen Schülern die Gelegenheit, sich im freien Spielen und in der spontanen Sprachgestaltung zu üben.
– Kinder und Erzieher entscheiden gemeinsam, welche Klangbeispiele neu gestaltet werden sollen.	Es ist nicht sinnvoll, *alle* Möglichkeiten nacheinander zu bearbeiten. Mit ein bis zwei Klangaufgaben, die anschließend u. U. wieder in das Hörspiel integriert werden, ist voraussichtlich das kindliche Interesse am Ausgangsthema erschöpft. Die nichtbearbeiteten Klangaufgaben können in einem anderen Zusammenhang gelöst werden. An einigen Beispielen soll verdeutlicht werden, wie dieses musikalische Arbeiten aussehen kann.

Beispiel 1

Wind – Wald – Blätterrauschen
(lauter und leiser werdende Geräusche)

Hier muß der Erzieher auf einen den Kindern vertrauten Gehörseindruck zurückgreifen. Im Gespräch werden die Erfahrungen neu belebt, wird das Gemeinsame herausgestellt (lauter und leiser werdende Geräusche, unregelmäßige Bewegung des Windes) und die musikalische Gestaltungsaufgabe formuliert. Die Kinder experimentieren mit

a) Stimme: In die hohlen Hände, in Papprollen, in Resonanzkörper der Fellinstrumente blasen; mit strömenden Konsonanten (m, n, f, ch, s, z) und Vokalen (u, o) spielen und singen.

b) Material: Papiere verschiedener Konsistenz (Packpapier, Zeitung, Seidenpapier, Kreppapier, Folie . . .), Tücher, Plastikfolien werden „zum Klingen gebracht“: Gegen das Papier blasen, Papier in der Luft schwenken, mit dem Papier, den Tüchern tanzen.

c) Instrumente: Rasseln, Flötenköpfe, Lotosflöten, Fellinstrumente – blasen, betupfen, reiben, streichen, schütteln . . .

Die Kinder experimentieren zunächst frei mit den Klangmöglichkeiten des Materials. Danach wird der Ablauf der Gestaltungsaufgabe festgelegt. Die Gruppe musiziert entweder nach Handzeichen eines Dirigenten, als Kommunikationsübung ohne Spielleiter oder nach einer einfachen Partitur, die die Kombination der Klangfarben (Materialien, Instrumente), die Einsätze, die Zeitabläufe und die dynamischen Stufungen angibt. Das Gelingen solcher Gestaltungsaufgaben hängt davon ab, inwieweit die Kinder geübt sind, aufeinander zu hören und zu schauen, zu reagieren, zu warten, Initiative und Verantwortung zu übernehmen. In Gruppen von 6 bis 8 Kindern ist ein selbständiges Arbeiten dieser Art nach einiger Zeit durchaus möglich.
Alle Experimente lassen sich mit *Bewegung* verbinden: Eine Gruppe improvisiert z. B. mit Klängen und Geräuschen, eine andere überträgt das Gehörte in Bewegung: *Am Platz* (nur Gesten, Bewegungen mit dem ganzen Körper) oder in der *Fortbewegung* (vom Schleichen zum Laufen und Drehen). Ältere Kinder können auch die Intensivierung der Klänge durch enger oder weiter werdenden Kontakt in der Gruppe ausdrücken (Ballung – Streuung).

Beispiel 2

„Gespenstermusik, Gespenstertanz“

In der ursprünglichen Spielsituation unterstützten die Kinder als Gespenster ihre Bewegungen spontan durch Geräusch- und Klangimprovisation mit der Stimme. Die Tonbandaufzeichnung gab ein wildes Durcheinander von Sprachelementen und Klanglauten in verschiedenen Stimmlagen wieder. Beim 2. Spieldurchgang benutzten sie zusätzlich die Hocker, mit denen sie gebaut hatten, als Schlagwerkinstrumente. Das Ergebnis dieser Klangaktion war noch chaotischer als das erste. Solche Ausbrüche sind Ausdruck gestauter Emotionen. Sie beunruhigen in der Regel den Erzieher stärker als das Kind, denn er weiß häufig nicht, wie er reagieren, ob er den Krach zulassen oder abwehren soll. Verbote von außen („hört auf! seid nicht so laut!“) sind nur Scheinlösungen. Sie lösen Spannung nicht auf, sondern decken sie zu. Verständnis für das elementare Bedürfnis des Kindes laut zu sein und Spielregeln, durch die das Kind lernt, seine Emotionen und motorischen Impulse selbst, d. h. von innen heraus zu steuern, sind dagegen echte Hilfen. Sie können in Form von Reaktionsübungen oder Gestaltungsaufgaben angesetzt werden.
Die folgenden Beispiele verdeutlichen, wie durch den raschen Wechsel von freien und gebundenen Formteilen die Gestaltungsaufgabe „Gespenstermusik, Gespenstertanz“ gelöst und die Gruppe zugleich aus der Stufe des Krachmachens herausgeführt werden kann. Die lenkenden Impulse gehen vom Erzieher aus. Bei ihm liegt auch die Entscheidung, ob er das Thema „Gespenstertanz“ übernehmen oder durch „Tanz der Tiere“, „Tanz der Geister“, Maskentanz“ ersetzen will.

Aufgaben

a) Alle Kinder bewegen sich als Gespenster im Raum. Sie können

einander ausweichen
aufeinander zugehen
miteinander etwas tun
lautlos agieren
oder ihr Spiel mit Geräuschen der Stimme begleiten.
Auf ein akustisches Signal hin werden alle „unsichtbar“.

Die Kinder probieren aus, wie sie das „Unsichtbarwerden“ ausdrücken können (erstarren, leblos zu Boden fallen, sich ganz schnell verstecken . . .). Die verschiedenen Spiel- und Bewegungsmöglichkeiten sollten von jedem Kind einmal ausprobiert werden.

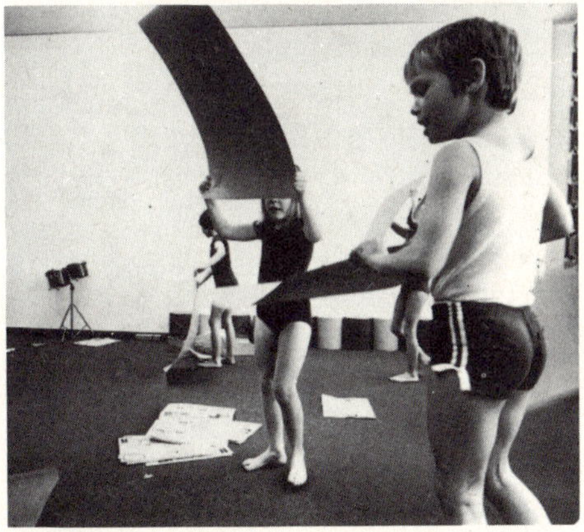

b) Die Gespenster sollen sich in der Bewegung deutlich voneinander unterscheiden (Bewegungsphantasie).

Hier hilft die Vorstellung von verschiedenen Gespensterarten wie „Waldgespenst", „Schloßgespenst", „Kellergespenst" . . .*
Die Kinder finden in der Vorstellung oder durch eigenes Ausprobieren heraus, welches die wesentlichen Bewegungselemente der jeweiligen Gespenstergruppe sein könnten: Schwere Schritte, Stampfen; Laufen mit Drehungen; langsames Gehen mit großen weichen Armgesten; Laufen in großen und kleinen Bögen und plötzliches Anhalten. Der Erzieher kann diesen Prozeß des Erfindens durch improvisierte Musik am Instrument (Klavier, Kombination verschiedener Schlagwerkinstrumente, Klangmaterial) unterstützen bzw. führen. Das Signal zum „Unsichtbarwerden" bleibt als wichtiges ordnendes Element zur Steuerung der Motorik (hier: Anhalten) erhalten. Es wird vom Erzieher oder einem Kind innerhalb der Gruppe gegeben.

c) Die Kinder übernehmen die Bewegungsbegleitung. Sie probieren aus, welche Instrumentengruppe der jeweiligen Bewegungsart am besten entspricht (z. B. Drehungen oder langsam geführte Bewegungen – lang klingende Instrumente wie Klavier, Becken, Metallophone; schnelle Bewegungen, Sprünge, Akzente – kurz klingende Instrumente wie Holz-, Fellinstrumente).

Spielformen

a) Die Kinder werden in zwei Gruppen geteilt; eine Gruppe tanzt, die andere begleitet. Die Bewegungsgruppe einigt sich ohne Reden auf eine der vorher improvisierten bzw. festgelegten Bewegungsarten (Keller-, Schloß-, Waldgespenst), die Musikgruppe begleitet. Das Signal „Unsichtbarwerden" beendet diesen Teil und leitet über zu einem neuen mit einer anderen Bewegungsart. Anschließend werden die Gruppen ausgetauscht.
b) . . . Ein Kind aus der Bewegungsgruppe beginnt eine neue Bewegungsart, die anderen übernehmen sie. Die Musik paßt sich an.
c) Die Musikgruppe führt, die Bewegungsgruppe folgt der Improvisation. Die Kinder an den Instrumenten entscheiden über die Bewegungsart, Länge und Struktur der Formteile, d. h. sie bestimmen die Form des Ablaufes.

Neben dem Experimentieren mit Geräuschen, Klängen und Bewegung dienen diese Spielformen der Entwicklung von kommunikativem und kooperativem Verhalten des Einzelnen und der Gruppe. Auch jüngeren Kindern sollten Lernerfahrungen dieser Art bereits ermöglicht werden, allerdings nicht gleich in so komplexen Aufgabenstellungen wie c (s. o.), sondern in klar begrenzten einfachen Aufgaben, in denen sie lernen und üben können, aufeinander zu schauen und zu hören, miteinander etwas zu tun, sich anzupassen, aber auch zu entscheiden und mitzubestimmen.

Literatur

Küntzel-Hansen, Margrit: Klänge hören, lesen, zeichnen (mit Schallplatte). Seelze: Velber

Küntzel-Hansen, Margrit: Musik mit Kindern (Versuche mit Geräusch und Klang). Stuttgart: Klett

Extra für Eltern. Stuttgart: Klett

Küntzel-Hansen, Margrit: Klänge, Farben, Formen: Vorschulkinder in Aktion. Seelze: Velber

Spiele mit Geräuschen; Bildmaterial-Schallplatte-Information. Stuttgart: Klett

Schulfunksendung des Bayer. Rundfunks: „Mach mit" Sendungen 5, 6.

* Die Gruppe brachte Beispiele wie „Badewannengespenst", „Königsgespenst", „Spring- und Hüpfgespenst".

Sachregister